确
GRAVITARE

关 怀 现 实 ， 沟 通 学 术 与 大 众

制造消费者

La Fabrique
du Consommateur
Une histoire de la société marchande

Anthony Galluzzo

［法］安东尼·加卢佐 著
马雅 译

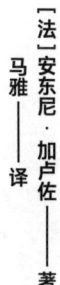

广东人民出版社

·广州·

果麦文化 出品

形象、符号、信息，我们所"消费"的这些东西，
就是我们心中的宁静。
它的宁静需要对现实和历史产生一种头晕目眩的感觉。
它的宁静需要永久性地被**消费暴力**来维系。

——让·鲍德里亚《消费社会》

前言

近两百年内,我们的日常生活方式发生了极大改变。曾经人们以孤立的自给自足的方式生活,但现在整个世界紧密相连,我们的生活彼此相关、密不可分。商业活动不再局限于当地小社群,而是扩散到了全球市场。

1800年左右的时候,大多数法国人是这样生活的:他们收集些石头、黏土和木材,自己建造房屋。他们的家里没什么家具和餐具,都是些像镰刀、锤子、钳子这样必不可少的生产工具或生活用具。人们每天只做收割谷物、做面包、缝衣服这类活动,很少远行,生活用品也几乎不会更换。

我们今天所享受的物质生活则大不一样了。房屋由建筑公司替我们盖好,建筑材料来自世界各地。我们的家里充斥着复杂的工业产品和电子产品,制造电网的钨来自中国,制造计算机的钴来自刚果,制造屏幕的铟则来自韩国。我们吃的西红柿来自西班牙,咖啡来自巴西,鸡肉则来自土耳其。

只过了短短两个世纪的时间，自给自足的农民社群就衰落了，如今，享受着网络便利的城市消费群体成为社会的主流。产品的生产环节和消费环节曾经是一体化的，而如今，五花八门的市场媒介已经把生产和消费远远分开了，两者可能既不在同一时间，也不在同一地点。在复杂的生产全球化的环境下，我们日常所使用的东西或许没有一样是我们自己生产的，这让我们每个人都成了消费者。我们身边的新产品层出不穷，琳琅满目，但我们离它们的生产环节却越来越远。

消费方式是社会模式的体现。如今我们每个人都不由自主地依赖着市场，这种依赖不仅仅是物质上的，也是精神上的。由于经济社会环境的发展，人们的思想变化了，这也改变了人与物、人与世界的关系。对人们来说，消费不再意味着消耗和挥霍，而是正常心态下再自然不过的行为活动。

我们今天所接受的消费文化是商品化的产物，这种消费文化在我们的日常生活中无处不在。我们就像鱼，消费心理就像水，我们游在其中觉得十分平常，几乎感受不到它的存在。不过，在最终孵化出今天的消费文化之前，我们的社会也曾经历过一段复杂的过程。

本书的目的就是通过回顾这些过程来揭开消费主义的迷雾：在商品化的社会中人们的行为有哪些变化？商品的力量来自哪里？人类通过商品实现了哪些社会变化？

通过本书，我们将回顾19世纪和20世纪欧洲和北美的消费主义历史，了解品牌是如何为商品注入价值、百货商场的出现带来了什么样的闹剧、公关和广告是如何完成符号工程的……跟随这本书，我们将看到商业如何制造消费者，也将了解到商品的巨大力量。

目录

I 前言

001 第一章 商品的降生：市场的形成和商品拜物教
021 第二章 商品大观：百货商店和逛街
047 第三章 商品动力学："同与不同"概念下的矩阵传播
073 第四章 商品的幻影：图像在日常生活中的入侵和扩散
097 第五章 消费心态：商品化带来的心理变化
123 第六章 社会工程：意识管理与商业秩序合法化
145 第七章 符号工程：广告的力量与弱点
165 第八章 家庭中的消费主义：封闭的住宅与消费分工
187 第九章 新消费精神：漫长的60年代和市场的重振
215 第十章 超级消费者：呈指数增长的未来

225 注释

第一章

商品的降生：
市场的形成和商品拜物教

在消费社会里，人们的生活中充斥着各类商品，而这些商品并不是由我们自己或我们的亲友所生产出来的，因此，要满足这一体系，必须要有全球化经济和现代化的市场基础设施。只有在获得这样的支持后，商品才可以持续不断地推出，并在极短的时间内就发往世界各地。因此，要想讲好消费的历史，我们要从经济基础开始说起。经济基础是商品流通的保证，正是因为经济的发展，大量商品得以在市场上流动，从而催生了拜物、符号工程和品牌推广这些概念，并最终彻底改变了人与物的关系。

速度战胜了距离

虽然"消费社会"的概念在19世纪末才真正出现，但是它其实早已有了雏形。在1800年，整个世界还是一个巨型的农民社会[1]，即使在最富裕的国家，农民也占人口的绝大多数。在这种社会环境下，人们通常自己生产生活必需品。农民们通过耕种获得粮食，收集石头、木头和黏土建造房屋，自己缝制衣服，制作工具。尽管社群中也存在分工，比如有人负责种地、有人则担任工匠，但这种分工仅在极小的范围里存在。人们所从事的生产活动产出很低，几乎没有剩余产品，因此也就不可能从事商业活动。当时世界上所有地区基本都是如此，各地都有无数固定且彼此孤立的小型社群。尽管这些小型社群有时也需要从较远的地方获取一些制造工具所需的矿石或者饮食中所需的盐，但是大规模的货物流通是不可能的，因为距离太远、运输速度又太慢。

和现在我们熟悉的沥青马路不一样，当时的道路既不平整也不坚固，经常因为各种原因而无法通行。在雨季时，路上处处是泥潭，行人和马车经常陷入其中，甚至因此致死。谢西（Chécy）教区登记册就记录了1738年一个孩子因为从车上掉进泥坑里而死亡的案例[2]。在冬天，大雪和河流汛期[a]也使村庄里的人们寸步难行。夏天时，车辆行驶在干燥的道路上常会扬起漫天灰尘，令人难以呼吸。夏天的道路最为颠簸，车辆和乘客都备受折磨。路上坑坑洼洼，稍有不慎车轴就会坏掉。在这种条件下，驾驶员必须极为谨慎地驾车，导致速度极慢，和走路没什么差别。那时候，人们出行面临着各种困难。要避免跌下车，避免路上的陷阱，在恶劣天气和黑夜出行时要当心迷路，还要防着强盗土匪拦路打劫，等等。为了克服旅途上的路障，人们还需要靠一些蛮力以及牲畜的帮助。在比较

---

a 在法国所处的地中海气候区，河流的汛期在冬季。

平滑的道路上，车队和运货马车可以通行，但是在路不好走的地方，人们常常要靠牲畜来驮运货物。

极大的运输难度导致商品流通需要投入大量的时间和精力，成本也就高得离谱。相比之下，那些重量轻、价值高的商品更容易流通一些，因为它们在运输过程中增加的成本并不会过于显著。不过，像铁、煤和钢这类材料，虽然不易运输，但对于工业生产又是不可或缺的。为了解决这些材料的运输问题，人们想到了利用自然条件的方法，比如借助风和水来完成运输，比如沿河或者沿海岸行船，这确实解决了一些重型货物的远距离运输问题，但是这种方式和陆路运输一样，仍然会受到自然条件及地理条件的限制。就像高原或低谷地区难以使用陆路运输一样，水文地理条件不理想的地方也很难使用船运，有些地方甚至完全没有河流经过。此外，河流运输对河流的流量和河床的稳定性都有要求，在湍急的水流中行船是危险的，在过于平缓的水流里行船则需要使用牵引装置。如果是海运，风向就成了决定因素。在不同的风向下，一段行程可能会短至几天，也可能长至几个月。运输的困难不仅使货物和人力难以流动，也使得信件的派送十分缓慢。经商的人无法及时传递订单，也很难沟通商业活动或收集信息。这种情况下，运送商品既危险又昂贵，过程也极为烦琐。

到了19世纪初期，世界大体上仍然是零散且缺少交流的。现代概念的"市场"尚未形成，当时"市场"这个词还只是单纯地指沿街买卖东西的地方。虽然社会分工还处在很初级的阶段，但绵延几公里的市场依然对经济的发展起到了一定的驱动作用。在19世纪初，步行还是最常见的交通方式，平常人买卖东西的范围基本不会超过步行一天的距离。有时，农民们要背着几十千克的货物走上几公里，只为了到市场上出售自己采摘的果实或少量盈余的农产品。

当时，农业产量低且常有波动，商品流通又不够发达，因此农民们经常面临着缺衣少食的情况。法国在10世纪至18世纪发生了很多次记录在册的饥荒，比如11世纪有26次，16世纪有13次，然而历史学家费尔南·布罗代尔（Fernand Braudel）认为这些数据统计还不够全面，因为它"忽略了无数小地区内部的饥荒"[3]。由于缺乏市场基础，盈余的产品无法自由流通，即使是相隔不远的两个地方，也可能一处陷入饥荒、一处却物产富足。

人们通常认为，小社群彼此孤立的状态是在第二次工业革命的时候瓦解的。但实际上，随着交通方式的变化和道路工程的进步，从18世纪开始，小社群就已经渐渐不再孤立了。经过人们的努力，马车变得越来越轻，轮辋和牵引绳做得更精良，还用上了结实的铁皮，越来越省力，也越来越快了。但是马车无论再怎么快，也仍然是要靠体力的，即使经过了优化，由牲畜牵引的车辆效率也仍然很低。真正对现代市场兴起和商品普及产生决定性影响的，是蒸汽机车的发明。蒸汽机不借助于人和动物的体力，而是将燃料燃烧的内能转化成机械能。19世纪，蒸汽机车的应用终于消灭了距离带来的阻碍。"在此之前，交通工具的速度只能靠马蹄来决定，各种因素都难以控制。快速的轨道交通打破了人们生活的小圈子，让整个世界逐渐相连，从此人们的生活节奏被永远地彻底地改变了。"4

火车这种交通工具，不仅快速、安全、准时、有规律，而且风雨无阻，一年四季都能运行，是有史以来第一种可以大规模运输货物的交通工具。铁路把工厂和城市连接起来，一班接一班满载货物的列车按照时刻表发出，在生产中心和分销点之间运行，使得商品得以快速流通，人们的需求得以极大满足。强大的铁路交通使人们的生产能力和消费能力同时得到了提升，它改变了人们惯有的空间概念，距离不再是商品流通的障碍。人类也得以摆脱了自然条件的束缚，在物质追求的道路上越走越远。

以从巴黎到马赛为例，1650年的人要花359小时才能完成这段旅程，1782年的人需要184小时，但是到了1887年则仅需13个小时。5由于交通不再那么耗时耗力，人类获得了更多的对空间的掌控和管理权。和铁路一起进入人们生活的还有用于远距离通信的电报。距离不再是问题，地图上那些遥远的地方变得触手可及，商家可以越来越便利地展开商业沟通、部署商业版图，把产品送到大众手中也更容易。有发达的基础设施来为生产供血，商品才能招揽来客人，人们也能领略到商品的魅力。马克思在《政治经济学批判大纲》中这样描述市场发展与距离之间的关系："资本必须努力战胜交通的考验，才能让商品在世界范围内流通并建立市场。它必须破坏时间和距离的关系，用最快的办法把商品从一个地方运到另一个地方。资本发展得越大，市场就越大，其流通的空间轨迹越大，对于市场空间的扩展需求就越强烈,从而需要加快时间,以战胜空间阻碍。"[6]

在无数古老故事和传说中,大自然都是奇妙而危险的[7]:黑暗的夜晚、阴森的森林、神出鬼没的野兽、烧毁庄稼的大火,都对人类造成了威胁。然而,在市场基础设施刚刚建立的19世纪,人们为了追求速度,不畏艰辛,历经探索,无所不用其极。以前人类受制于环境,但现在人类征服着环境。古老传说里如此危险而难以战胜的大自然,也渐渐被人类工业化的步伐击垮。

商品带来了幻觉

商品的流通促进了劳动分工。以前,各个独立的小社群之间几乎不交流,但现在人们开始走动,彼此间的交往也越来越频繁。随着分门别类的商品进入了市场,人们不再依赖自给自足的生活方式,大自然不再成为人类生存的主导。

人类学家劳伦斯·威利(Laurence Wylie)在其著作中讲述了法国东南部沃克吕兹(Vaucluse)省一个名为贝拉那(Peyrane)的村庄的故事:"在法国首次进行人口普查的1801年,贝拉那的1195名居民还过着几乎完全封闭的生活。由于道路不畅,他们与外界的交流极为有限,人们全部的经济和文化生活都集中在这个小小的村子里。虽然村民们偶尔也会把蚕茧卖到沃克吕兹省的首府阿维尼翁,但当地的大多数经济活动都是供应给村庄内部的,人们劳作的主要目的就是满足自家的基本需求。村庄里生产的都是地中海地区的传统农业产品。人们种植小麦、豆类、橄榄、葡萄、无花果和杏仁等，采收蜂蜜，并靠饲养绵羊和山羊来获得奶产品、羊毛、肉和肥料……村庄内的农业收成普遍较低……居民的生活水平很差，一旦牲畜生病或植物遭虫害，抑或是发生霜冻、冰雹或洪水，人们就面临着饥荒……到了1851年，贝拉那已经大变样了。由于有了方便的运输方式，人们不再像以前那样依赖自给自足的模式。现在，居民既种植着当地的传统农作物，也享受着外来的产品。由于经济模式的变化，人们挣到了钱，也可以买到所需的物品。农民们在从事生产时，不再仅仅考虑自家的需求，而是优先选择生产一些卖得好的农产品。人们开始大量种植茜草，这种新作物使村民们挣了不少钱。到了19世纪上半叶，当地的养蚕业也得到了长足的发展。"[8]

在那个时期，法国其他地区的人们也开始将生产力集中在专一的领域。朗格多克（Languedoc）地区从那时开始就大量投入葡萄酒生产。招揽游客的海边小镇和温泉小镇也如雨后春笋般冒出来。在新型的经济模式中，生产不再是为了内部消费，而是为了销售。人们更多地选择在市场上采购自家所需的产品。总而言之，人们不再为自己而生产，而是为世界而生产。这种变化甚至改变了生产的本质。物品的使用价值不再是决定其存在意义的唯一准则，它们成为商品，要通过商品交换来实现"对他人和对社会的使用价值"[9]。使用价值仅作为商品的一项基本要素，用于支撑其交换价值。

金钱驱使着人们把商品销往各地，市场建立起来了，大众心理也发生了转变。人们不再停留于自给自足的满足中，而是希望先靠劳动挣钱，再把钱用于消费。人们既是生产者，也成为消费者。这种新的经济模式让人与市场紧紧相连，这张紧密结合的网络支持着人们的生计，也把生产与消费彻底分离了。在这张网中，人们生产着自己所不需要的东西，挣到钱再去购买一些不由他们生产的商品，最终导致的结果就是人们对日常物品越来越陌生。

就像前文提到过的，在传统的自给自足经济中，人们基本上自己生产所需的生活用品，就算是村里其他工匠制作完成某件物品，大家也都能看到其生产过程。但是在市场经济中，我们所接触到的物品都是由遥远的陌生人经过非常复杂的过程设计并制造出来的。物品不再是劳动的直接产物，人们不再了解这些物品的生产环境、制作过程，展示在人们面前的商品愈发变得陌生而神奇了，这也是社会变得越来越拜物的过程。马克思在《资本论》中写道："根据小麦的味道，我们尝不出它是谁种的，同样，根据劳动过程，我们看不出它是在什么条件下进行的：是在奴隶监工的残酷的鞭子下，还是在资本家的严酷的目光下；是在辛辛纳图斯耕种自己的几亩土地的情况下，还是在野蛮人用石头击杀野兽的情况下。"[10a]

消费品的本质就凝结在这种对商品的拜物情结里。在市场经济中，人们在看到一件商品的时候很难了解其生产过程，也无法计

---

a ［德］马克思:《资本论》，人民出版社，1975，第209页。

算背后的劳动时间。生产所付出的劳动离人们太遥远了。"我们和他人劳动成果之间的关系被掩盖在物品之下。"[11]在这种掩盖之下，商品被美化了。消费者不了解商品的生产过程，也就无法衡量其成本、构造、所需劳动力以及生产背后的困难，人们只能以一种虚幻的方式去理解它们，在幻想中，商品仿佛不属于任何社会网络，而是独立地存在着。当商品被摆上商店货架供人们挑选时，它们显得遗世独立、纯粹得令人愉悦，它们进入了消费者的幻想，在人们欣赏的眼光下变成了奇妙之物。

人们对食品需求的变化向我们展示了这个现象。在市场出现之前，大多数人都是自己种植粮食。他们耕种、收割、采摘、宰牲。但是从19世纪末开始，这些活动逐渐被"采购"取而代之。人们只需从货架上取下蔬菜、牛奶、饼干和罐头，买回家存放在橱柜中。住宅作为家庭生产的中心，也成为消费的大本营，这一点我们将在后面的章节展开来谈。食品的生产不再捆绑在大众身上，而是由大公司包揽了种植、包装和大规模销售。通过与人解绑和疏远，食物的性质发生了改变，变得越发特殊。

我们以猪肉为例来展示这种变化。在1800年的时候，猪是法国村民常养的家畜，在院子和房屋中自由散养。猪肥育一年后，通常会在诸圣瞻礼[a]那天由专门负责杀猪的屠夫进行宰杀。一家人会

---

a 亦称"诸圣节"，天主教和东正教节日之一，日期为11月1日。法国民间的习惯是在这一天到墓地祭奠献花，凭吊已故亲人，相当于中国的清明节。

一起去屠夫那里帮忙，先割破猪的颈动脉，然后吊起来或平放着放血，杀完再用火烧、用水浇、刮毛，然后再开膛破肚、去掉内脏并切成块。最后猪肉成为一顿全家人一同享用的大餐，甚至邻居们都有份分享。杀猪这项活动在每个冬季伊始都会进行，父母会借此传授给孩子们如何繁育、宰杀，如何加工、食用，这些阶段是连续的，要在何时何地由何人做何事，都是有规矩的。

现在的商品化社会则完全不同。今天的法国消费者接触到的是用盒子和薄膜包装着的猪肉香肠，它们由冷藏车从布列塔尼运来，进入超市的冷藏柜中。繁殖和屠宰都是集中化的，要想追溯猪肉的生产，还得经过不少中间人。从超市到超市背后的集采中心，经过

图1 法国的杀猪仪式

批发商、代理、屠宰场，最后到饲养员，猪肉会被一环接一环地转手。在这个案例中，由于布列塔尼的屠宰场承担一些运输工作，中间的转手次数已经相对较少了。同样，屠宰的规模也扩大了，放血、烫皮、脱毛、刮皮、去内脏和切块这些工作不是由同一个人完成，而是流水线上数百名工人每人完成各自负责的一小部分，最终构成了一个链条。

生产秩序的动荡对消费者的想象产生了非常具象的影响。从前，农民烹饪香肠的时候清楚地了解香肠是如何制作的，他们知道猪肉如何被切碎、掺入脂肪，然后放入洗净的肠衣里。由于香肠是由他自己生产的，他不仅了解背后的一系列工序，也了解猪本身。肉是农民亲自从开膛破肚、冒着热气的猪身体里割下的。他们像庖丁解牛一般，清楚地了解里脊、排骨、猪小腿这些肉在猪身上的位置，然而这些名称对于当代消费者来说只是不同的产品类别。猪肉被包装好以后，就变得抽象和拜物化了。由于繁育、屠宰、加工和消费之间离得越来越远，猪肉在人们眼中成为一种独立存在的东西，人们既不知道也不在乎猪肉是怎么成为猪肉的。

工业化和商品化使食品远离了生产过程，并变得抽象起来。食物不再受制于特定地点、特定行为和特定人群，它流通起来，并最终以一种孤立的形象出现在消费者面前。粮食资源曾经只局限于产地，但现在可以流通到全世界。法国北方的居民用上了南方的橄榄油，而南方居民也吃到了北方的黄油。由于市场的形成和劳动分工的加强，产品越来越多元化，消费品的领域也越扩越宽。从19世纪中叶开始,所有工业化国家的面包价格都在不断下降。[12]作为家家必备的食物,面包已经通过工业化的方式生产了,其中还添加了各个产地的原料,如香料、咖啡、糖。自己生产食物的人越来越少了,人们更多依赖于遥远而神秘的大型工业体系。这里牵扯出了市场营销的一个基本问题,也就是信任问题。人们为何会将生产的控制权交给不认识的大公司?这个问题在当代社会似乎显得没头没脑,因为现在的我们不会有这样的疑问。不过,在19世纪末期,食品工业刚兴起之时,这曾是非常尖锐的话题。

品牌让产品重生

在19世纪,大型食品制造和分销公司刚开始出现时,想要赢得消费者的信任并不容易。当罐装、瓶装、袋装的食物刚面世时,人们还不习惯这些新形式的食物。在以前的杂货铺里,食品都是敞开着摆在顾客面前卖的,而工业生产的食品被包装好之后,人们看不见、摸不着,也闻不到,这与人们一贯感知食物的方式是相悖的。这些食品公司在当时的人们眼中就像是冷酷又陌生的怪物,既脱离实际,又不负责任。在19世纪中叶,包装技术还很容易出错,要是消费者打开一罐调味品发现里面的东西不对,他也不知该找谁求助,因为手中的产品不是来自他熟悉的小社群,而是通过一连串难以追溯的中间商才最终到他手中的。拜物化进程的结果就是信任关系的剧变,产品离开了互相信任的熟人圈子,也不再明确地出自某人之手，失去了个性化，因此人们无法再像以前那样，靠直接的社会关系来确认产品是否物有所值。

为了解决信任问题，大型公司开始在品牌上做文章。品牌的首要功能就是给消费者安全感，让消费者感到产品不是来自无名的陌生公司，而是来自某个有温度的"家庭"。品牌的任务就是让顾客不需通过触觉、视觉、气味来评估产品，而是试过某个品牌，觉得满意后就可以一直购买下去，成为其忠实客户。人们在"尝试"时，从以"尝"为主过渡到了以"试"为主[13]。品牌让人们放下了自主认知。消费者不再需要通过反复掂量一件产品来判断它好不好，只需要选择某个信任的品牌，就能确保产品的品质。

品牌帮助消费者辨别生产商、确保商品质量，便于消费者在各类商品中快速找到想要的产品。品牌也促使大型公司在想象和表达上大做文章。品牌能够展示产品的特质，但它能做的还远不止于此，它甚至可以把一件物品与某个地点、某种地位或某类人群相关联。品牌用联想的方式对人们产生影响，它将一系列想法和价值纳入产品中，而这些想法和价值从本质上说与产品本身是不相干的。这个过程是拜物的，甚至有一点宗教的感觉，品牌用图腾的方式投射出了力量和价值观。《消费文化与现代性》（*Consumer Culture and Modernity*）的作者唐·斯莱特（Don Slater）认为："商品拜物的思想使交换价值不仅以事物本身的自然属性来决定，还掺杂了一系列社会和文化价值。这也是广告的常见表现手法，广告里的汽车不是一件实际生活中有使用价值的人类劳动产物，而是阳刚、刺激、地位和新潮的载体。消费者要想成为那样的人，无须做出任何自我提升的努力，只需要通过抽象化的购买和占有就能让自己拥有这些特质。"[14]

在前资本主义经济中，产品的意义取决于它的稀有程度、复杂程度和有用程度，这些都是与生产和流通相关的特征。然而，在市场和消费的环境下，符号工程创造了富有联想力的意义，商家得以人为地为产品注入符号。有了符号资本和品牌资本，一家公司就可以把成本只有几便士的衣服卖到几百美元。品牌使商家得以重塑社会市场关系，并从中获利。品牌打造（Branding）就是为品牌找到化身，让那些离消费者很遥远的生产商显得有血有肉，从而扎根在消费者心中。虽然这种化身是虚构的，但在消费者的想象中却可以逐渐强烈且鲜明起来。因此，在工业化生产导致产品失去个性化的情况下，品牌在中间用一种奇妙的方式解决了这个问题，它高效而有力地让商品融入了社会，并让一些古老的商人群体败下阵来。

从20世纪初开始，专家们就注意到品牌符号已经深入人心。在1917年的一项研究中，受访的300人都可以说出至少一个肥皂、手表和笔的品牌。1920年面向杂货店家展开的另一项研究表明，超过四分之三的美国消费者在购买烘豆时会选择指定的品牌[15]。到了1923年，超过95%的消费者能说出生产汽车、肥皂和口香糖的都有哪些主要品牌[16]。在1880年至1920年的40年间，品牌成为重要媒介，并完全重塑了市场体系，无数大型生产公司在其中受益。许多世界巨头正是诞生在这一时期，如亨氏

（Heinz）、金宝汤（Campbell Soup Company，1869）、柯达（Kodak，1881）、可口可乐（Coca-Cola，1886）、吉列（Gillette，1895）、纳贝斯克（Nabisco，1898）、桂格燕麦（Quaker Oats，1901）、家乐氏（Kellogg's，1906）。

品牌作为19世纪末市场环境下个性丧失的一种补救措施，很快就展现出了更大的潜力。人们发现品牌不仅仅能给人安全感，还有其神秘的力量，能通过符号工程将商品与社会文化价值联系起来。我们可以举水的例子，来看看品牌带来了什么具体影响。在前资本主义社会中，我们获取到或者买到的饮用水虽然矿物质含量或高或低、钠和钾等元素也有多有少，但是差异微乎其微。水是无色无味的，虽然可能有味道差异，但喝着也没有太多区别。在没有品牌之前，水和水之间的区别没法判断，消费者只能靠人际和商户媒介提供的信息来知道水里有什么、从哪里来、是否安全。但是到了发达的商品社会，瓶装水被冠以品牌售卖，有时背后还有大量的广告资金投入。水和水之间开始有了区别，依云（Évian）、克里斯塔林（Cristaline）或富维克（Volvic）的瓶装水价格天差地别。品牌给了水以价值和力量，它代表着青春、美丽、健康、力量、自然。品牌效应之所以能唬住人，是因为它基于我们的神经机制。当我们消费时，不同产品的品牌形象和价格会造成先入为主的不同观感，这种观感会影响我们实际使用产品时的感觉。这种研究在商学院的课程中也常有涉及，比如邀请受访者品尝和评价一些食物，有些受访者可以获知产品品牌，有些受访者则不能获知。通过李克特量表收集意见后进行总结,就可以观察到品牌效应带来的影响,即展示品牌和不展示品牌的情况下产品的得分差异。

品牌的效力就是带来这种"先入为主"的区别。更文雅一点来说:品牌帮助消费者将产品差异化。"品牌"一词从词源上来看,最初指的就是人们把一个标志挂在自家的牲畜身上,以免与别家的牲畜弄混。

在品牌的影响下,产品的使用价值不再取决于产品成分,我们并不深究买来清洁瓷砖的产品是白醋和小苏打的混合物,我们在乎的是这种产品强大的清洁力在媒体上是如何广受赞誉的,我们不再注意商品成分,而是深陷品牌的奇妙魔力。德国批评家沃尔夫冈·弗里茨·豪格(Wolfgang Fritz Haug)指出:"人们的实践知识急剧减少……大企业把最基本的技术和化学知识通过品牌垄断了。……商品的符号和商品宣称拥有的使用价值不再受制于商品的构成,甚至可以与其内容物完全无关。"[17] 人们从此在拜物的路上越走越远。

对于大型公司来说,把产品和其生产者分开来是一件好事。他们可以把生产委托给很多分包公司,尽管生产工艺可能非常不同,但是一旦它们归属于同一品牌,这些消费品便被统一化了。反之亦然,生产者可以用非常相似的技术工艺制造一些产品,然后把这些产品以不同的品牌、不同的价格出售。这又是拜物的结果之一。对大公司们来说,产品分化了之后,就可以带来最大的收益。以1990至2000年代的两个香氛品牌凌仕(Axe)和多芬(Dove)为例,它们的品牌文化就截然相反。凌仕是个有大男子主义色彩的品牌，它号称可以使男性更具有诱惑力，甚至用了它就能遇到放纵的艳遇。而多芬则是一个具有女性主义色彩的品牌，宣称要尊重所有的美丽，不以固定规范来禁锢审美的标准。这两个品牌的消费者对产品抱有的想象是截然相反甚至互相矛盾的，而这两个品牌却同时属于联合利华（Unilever）一家公司旗下。就像这样，大型公司通过多元化的一系列品牌来覆盖所有细分市场，在符号领域便无所不能。当多种文化同时盛行、竞争、对抗的时候，它能够同时为交战的每一方提供武装，从而战无不胜。品牌给人的联想力量也可以让产品远离负面影响。即使在产生了大量污染的情况下，大型公司仍然能通过对环保项目的支持和赞助，打造环保自然的品牌形象[18]。

市场营销（marketing）一词的本义是将某物推向市场，这种行为是有一定表演性质的，因为它不仅要创造价值，而且要让人们感知到价值所在。只有让消费者熟知，品牌才能成为"图腾"。各种媒体上的推销手段吸引着消费者的眼球，而这种消费者对产品的注意能直接决定企业的利润。因此，在商业社会中，品牌的任务就是引人注意，人们赋予了品牌"额外的道德含义。品牌和人建立了感性的社会关系，这在以前是从来不存在的"[19]。

现代市场就是大型的生产和交易体系，它是因为大型公司的出现才随之出现的。在19世纪末出现的大型公司主导着巨型的价值链条，它们不仅把产品销往各处，也打入了人们心中。它们拥有前所未有的组织能力，为产品灌输信念、开发新用途，并建立起人们对产品的想象。正如20世纪初索尔斯坦·凡勃伦（Thorstein Veblen）所说，大型公司"不仅主导了经济结构，而且成为文明生活的主要机构"[20]。

第二章

商品大观：
百货商店和逛街

在新兴的商品经济网络里，不断推陈出新的商品进入了人们的视野。这时，一种新型的综合机构：百货商店出现了。它建立起了人与商品感性的关系，不断吸引着人们的目光，为人们提供幻想，唤起人们的欲望，让"有闲人士"（flâneur）们爱上了"逛街"（shopping）。同时，百货商店的种种销售手段加快了商品流通，并为后续刺激消费打下了基础。

城市化和百货商店的出现

在19世纪，人口逐渐集中到城市，欧洲和北美的城市化不断推进，1800年，居住在5 000人口以上城市的人口比例仅为10.7%，到1900年就上升至31.3%了。在1910年，人口超过50 000的城市数量是19世纪的1.4倍[1]。一百多年来，巴黎的人口增加了4倍，伦敦的人口增加了6倍，纽约的人口增加了43倍。

"有闲人士"作为城市化的一种表象，出现在19世纪欧洲的一些大型城市，如巴黎、维也纳和伦敦等地，最初是指一些具有艺术品位的典型人群，如作家、记者或画家。平日里，在咖啡馆的露台上、在店铺林立的大街小巷上，随时都有不少"有闲人士"的身影，他们无所事事、终日闲逛着。闲逛是资产阶级的体现，在城市生活中，去人群里凑热闹成为一种休闲活动。资产阶级们的这一爱好促进了商业发展，与此同时，大城市正变得越来越商业化，消费主义越来越盛行。从19世纪开始，市民的生活里增添了很多休闲去处：饮品店、动物园、剧院、音乐厅、马戏团、美术馆、餐厅、体育竞赛、世博会……商业为人们带来了无数乐趣，各类大规模的休闲产业简直把城市变成了游乐园。在英国，很多表演场所和商业场所还开始流行做"秀"（show）。"秀"的本义是"展示"，当时城市里的很多新事物都和这个词有关，比如戏剧秀（theatrical show）、儿童秀（baby show）、歌舞女郎（show girl），还有专门的表演场所（showplace）、陈列室（showroom）等，这些活动和场所都是为了展示。这意味着，随着城市的发展，公共视觉体验被商品化，参观带给人们乐趣，甚至成为娱乐活动的一种。人们乐于去各种新奇刺激的地方，甚至太平间都可以收费参观，连屠宰场和下水道里都有络绎不绝的游客。1895年夏天，美国掀起了去伦敦感受异国情调的空前浪潮，美国游客们在伦敦展现了旺盛的好奇心："游客就像是来逛商店一样，找寻着新体验，感受着古老的欧洲风情，并购买特色产品。"[2]而在伦敦人眼中，蜂拥而至的游客也是新奇的，游客本身也成了现代都市景观的一部分。

此外，城市中还有一类商业活动被称为"综合展会"[3]，例如世博会。在这种展会上，一系列商品被精心考究地展示出来，吸引着购物者们的目光。这些大型展会为人们带来了沉浸式的体验，城市居民们在一览无余的环境里，熟悉了商品及商品美学。大众消费文化的基础便建立在城市、人群和商品共同组成的这一幅景象之上。城市居民"养成了资本视角"[4]。同时，展览空间也改变了人们对商品的凝视、渴望及购买。在古代，展览空间多是贵族的私人珍品收藏室之类的地方，一般人无法进入。而新兴的展览空间是公共和开放的，它们引来越来越多的观众，也为后续商品在公共领域的发展铺平了道路。

很快，商品变得无处不在，覆盖了城市的每个角落。拜商业公司所赐，城市里到处贴着海报，处处都是视觉爆炸。城市居民们每天路过无数广告牌，随处可见各类海报，各种传单、涂鸦和电子标牌充斥四周，人们吸收着品牌和商店的信息。商家们在店铺临街过道的橱窗里摆满了商品。许多商店组成了一条条玻璃隧道，穿过一栋栋建筑物。

当商业空间和商业符号在城市中扩散的时候，专门用于消费的大型场所"百货商店"出现了。这种大型功能性建筑物是专门为商品售卖所设计的，有多个楼层，摆满丰富多样的货品，可以同时完成大量交易活动。百货商店既是城市化的产物，也是城市化的表征，更是城市化的放大镜。它打破了传统的销售模式，让资产阶级的有闲人士们离商品更近，从而成为消费者。

19世纪下半叶的百货商店和旧有商业文化下的商店大不相同。在美国和西欧，以前的商店多为小店，商店通常小而精。其目的在于让这些小商贩共享市场，而不是相互竞争。每个小店都贩卖自己的特色商品，卖货的理念不在于广泛而在于精专。在商店里，购物的顾客基本无法直接接触到商品，因为它们都被放在抽屉里或柜台后面的架子上，不能随意拿起，甚至有时看都不能看。由于当时还没有像现在这样的广告，商店揽客的方式有限，销量自然平平，于是商店只能通过抬高定价来保证利润、维持生存。而且，商店里的商品也很少更新，有些东西进货后甚至要过上几年才卖得出去。在这种商店里，讨价还价是很常见的，砍价成了一种抗衡关系的体现，店主以进货价为底线，努力获得最大利润，而顾客在不知道货源和商品真实价值的情况下努力压价格，"人们谈价的言谈举止就像集市上狡猾的卖马贩子"[5]。在这些商店中，顾客"为了砍几美分的牛肉价格都得谈上几个小时"，这种"大费口舌的激烈砍价方式，既劳神又费力"[6]。在开放式的价格体系里，价格谈判自然是购物的必要操作，顾客也从而深入地参与到市场里。后来，当"逛街"这个概念出现的时候，许多商店强烈反对，拒绝那些不以购物为目的的人在商店里闲逛。

与这些商店不同，百货商店建立在商品多样性的基础上，并靠着低价格和高库存周转的商业模式来经营。百货商店的理念是用低价格和低利润率刺激购买、提高销售量，从而积累更多的资本。因此，商品必须快速流动，越快被卖掉越好。按照存货周转的原则，商品需要快速转化成资本，然后资本会用于对商品的再投资。为了加快商品流通的速度，就算是再不好卖的商品，商家也得把它们尽快卖出去，不能像以前的商店那样等着顾客几年后买走这些布满灰尘的旧货。因为资本积累的原理就像炒股一样，只有把前景不好的商品迅速脱手，才能有资本引进更受欢迎的商品。但是，要想达到这种效果，必须每天都有大量购物者光顾，以保证销售量，维持百货商店的发展。于是，为了招揽客人，百货商店推行多样化的商品，而且邀请大众随意自由地出入，这让它成为名副其实的"消费圣地"。

百货商店的英文是"department stores"，意思是"分为许多部门的商店"，这个说法点出了百货商店极具创新意义的多样化进货体系和商品陈列方式。在百货商店中，不同部门就像不同小商店一样，负责不同类型的商品，各有团队运作。同时，所有部门（department）都隶属于一个百货公司，这就可以将非常多样化的商品集中在一处。百货商店的运作模式和以前那些小而精的店铺相对，它庞大得一眼望不到底，向所有人敞开大门，邀请人们沉浸其中，在迷宫般的商品世界尽情探索。当闲逛的人走进百货商店时，并不需要抱着要买特定商品的念头，而是可以随便逛逛，东摸摸、西看看，就像散步一样。巨大的百货商店本身就像一座城市，等待被探索。

多样化的货物、推陈出新的速度、巨大的货架、不强制购买、无须讲价、自由出入……百货公司种种新奇的设定重塑了顾客和

图2　巴黎卢浮宫百货商店

商品之间的关系，它脱离了固有的规范，为顾客解除了不得不买的压力和讲价的烦恼[7]。顾客可以心安理得地做一个旁观者，从而能更轻松地对待商品。商品不再是买卖双方之间抗衡的砝码，而是供人欣赏的对象。这里没有催着别人买东西的售货员，只有温柔引导的工作人员，百货商店不再树立顾客和商品之间的隔阂，而是让商品自主化。在这里，顾客甚至可以把不满意的商品退掉，虽然这增加了经营成本，但在自由退换的条件下，消费者也更容易冲动购物。就这样，百货商店激发并释放了人们对商品的欲望，人们自由地走进商品的殿堂，久久地端详和摆弄各种商品。"您想盯着价值百万的商品看上多久，都没有人会打扰您。"[8]于是，在百货商店漫游成为人们的休闲娱乐活动。随后,百货公司又在陈列方式上增添了一些表演性,让人们的购物体验更加身临其境,也刺激了更多的购物欲望。

商店陈设的技巧

19世纪末,许多市民跟随着广告的指引蜂拥而至,在百货商店这个"消费圣地"流连忘返。即使是那些不看广告也不想购物的人群,也没能逃脱商业王国的吸引。人们即使只是散散步,也不可避免地要经过商店的橱窗,而橱窗里的陈设如有魔力一般吸引着他们的注意力。就这样,"上钩"的人们跨过了商店的门槛,进入了早已为他们准备好的商品乐园。当时,一家百货商店老板曾这样比喻:"陈设布局要让进入商店的顾客有麦加朝圣的感觉。"[9]在商店的陈列中,商品自然是占最高比例的部分。爱弥尔·左拉(Émile Zola)[a]在他的小说《妇女乐园》(Au Bonheur des dames)中这样介绍"革新派的陈列家"慕雷的杰作:"他喜欢把东西弄得零乱,仿佛是偶然从拥挤不下的架子上掉下来的,他要它们闪耀出最炽烈的色彩,互相辉映。叫顾客出了店门,眼睛必须酸痛。"[b][10]

于是,在百货商店里,人们可以同时看到最常见的日用品和最

---

a 爱弥尔·左拉是19世纪后半期的法国批判现实主义作家。
b [法]爱弥尔·左拉:《妇女乐园》,侍桁译,上海译文出版社,2003,第40页。

稀奇的外来货物。无论是衣服、肥皂,还是华丽的织物、咖啡、热带花卉甚至鸟儿,都可能陈列在一起。商店的建筑风格华丽至极,到处是立柱、雕像、烛台、圆顶、大理石、阳台和贵重的木家具,再配备上高端的天鹅绒装饰的电梯、通风和照明设备,带给人一种豪华的感觉,使顾客目眩神迷,尽管这种奢华可能是虚假的。在物以稀为贵的环境下,百货商店却用如此繁多的商品来彰显富足。陈设看似杂乱,但也有其秩序。那些不按规律摆放的商品是故意那样陈设的,为的是吸引眼球、吊起人们的胃口。"天差地别的商品放在一起,却达到了相辅相成的功效,让顾客买了一件的同时又看上了另一件。"[11]

除此之外,百货商店里的商品陈列位置还常常改变,可能一件东西今天在这个货架上、明天又在那个货架上。一些百货商店会把最受欢迎的产品放在比较难找的地方,以吸引顾客探索。每过一段时间,货架就会重新布置一遍,造成一种刻意为之的混乱,让顾客多花费一些时间来搜寻商品,这样他们一不小心就会有新的发现。顾客逛的时间多了,也就有可能买得更多。人们久久地沉浸在这场"寻宝"活动里,就像法国哲学家让·鲍德里亚(Jean Baudrillard)笔下所写的那样,人们心中激起了"美妙的垂涎"[12],无穷无尽地购物,即使买下了想要的东西,也只是暂时平息了欲望之火,很快另一件宝贝又会出现在眼前。回家以后人们还是无法抑制再次回到商店的欲望。

在这种环境下,商品成为人们幻想、赞叹和渴望的对象,那些看起来很抢手的东西，给人一种明天就会售空或下架的感觉，人们迅速沉迷于此，欲罢不能，不惜斥巨款，以满足无法控制的购买欲。而矛盾的是，商品既带给人稀缺感，又带给人富足感。商品总在推陈出新，似乎取之不尽。实际上并没有那么多新商品，店家只是通过不断打乱货架陈设，表现出常有更新的样子，以这种富有动态的表象，使消费的节奏更快一些。百货商店实际上解除了消费者和商品之间商人的实际上的中介角色。在这里，商品再无需中间人，它们自己就能把自己卖出去。

此外，建筑和装修技术也有助于加强消费者与商品的联结。对百货商店来说，要吸引更多的消费者，最重要的是空间要大，要营造更舒适的购物环境。铁、钢、混凝土方便了大型建筑物的建造，大面积的玻璃板设计让建筑物外观更显华丽气派。同时，玻璃材料对商品陈设来说也尤为有用，它可以让人们看到栩栩如生的商品，又可将商品保护在受控范围内。商家还会在店里设置巨大的镜子，给人以商品繁多、空间极大的感觉。

百货商店这一座虚幻而繁华的宫殿，为了让顾客沉浸在对奇迹的惊叹中，把商品背后的烦琐生产过程掩盖了起来。在这出华丽戏剧的背后，有许多顾客从未见过的"隐形员工"，比如会计和仓库员工，他们会在消费者看不到的楼层里办公。这种设置也是为了满足拜物心理，把商品和其产地、生产者、工艺技术、所需劳动时间分离开，让商品成为一种神奇而独立存在的宝贝。于是，在百货商店这个拜物主义极盛的地方，商品和劳动被割离开来，造成了消费

图3 巴黎春天百货商店的中央楼梯

者的幻觉。豪华的大理石、地毯、家具都是背后的布景，衬托着商品的精美，让顾客沉浸在贵族般的氛围中。在这种氛围下，一些并没有使用价值或交换价值的商品也被赋予了极大的符号价值，仿佛购买它们就是获得了奢华，逃离了平庸。百货商店用感性的方式赋予了商品神秘感和力量，如果没有这种氛围的营造，这一切就不复存在。商品就这样被乔装成奢华的代言物，拨动了顾客的心弦，也拔高了其交换价值。

百货商店还会为商品构建仿真的陈设环境，得以让商品美学一展其风采。在经历一番"感性的冒险"[13]后，一些原本平凡琐碎的东西在顾客眼中也变得独特了。很多国家的百货商店都会定期重装内饰，变换不同的装饰风格，旨在让装潢具有异国情调。有时人们会踏入一个日本花园，有时又像是进入了埃及神庙或摩洛哥后宫，抑或像是在拜占庭的集市上闲逛。美国的百货商店可能前一阵还是法式街区的布置，转眼又改成了中东花园的风格。但总的来说，布景都是以梦幻般的异国风情为主旨。不少内饰的主题都带有东方韵味，只为使其显得更加性感撩人。在这"异国情调"的氛围中，百货商店成为一种超级写实主义的存在，在这里人们仿佛置身于遥远的异国他乡，尽管是人造的，也足以带给人刺激和兴奋的体验。借让·鲍德里亚的话来说，这是一种"亦假亦真"。在这样的仿真场景里，商品的魅力也会得到提升。

看到百货公司在场景搭建上大获成功，一些小店铺也懂得了搭建消费场景的重要性。例如，巴黎的古董商学会了刻意打造复古的商店风格，让资产阶级消费者在"杂乱而浪漫的旧货堆"中感受旧时收藏家淘货的体验。这些古董商店有着"故意搭建的杂乱场景""刻意做旧的门面"和"有意为之的幽暗橱窗"[14]。当百货商店模仿异国风情的时候，古董商店则在模仿旧时情怀，他们搭建这些虚构幻影的目的都是要引发顾客的想象，要让顾客深深陷入这场梦境。

还有某些陈设是为资产阶级所熟悉的社会场景的仿真。在18世纪的豪华精品店中就有这样的陈列方式，19世纪的百货公司中也一样。英语中称作"showroom"的，就是这种"模拟沙龙"式的

图4 巴黎乐蓬马歇百货商店（Le Bon Marché）的读书沙龙

陈列室。这样的陈列室不像仓库中那样按类别摆满商品，而是做得就像资产阶级人家客厅里的场景似的。这些陈列室有时会被用作社交场所，或是用于举办展览、售卖商品。顾客可以在这里闲逛，把玩商品，开展交流。这些仿真的贵族房间墙上挂着精美的画框，地上铺着地毯和块毯，里面还摆着优雅的软垫扶手椅。仿真场景中的物品更容易在人们心里产生投射，并让人产生拥有这些物品的想法。在这种环境下，顾客更容易做出购买计划。另外，这还使得百货商店可以做到既面向全部公众开放，又给人一种足够独特、不随大流的感觉。

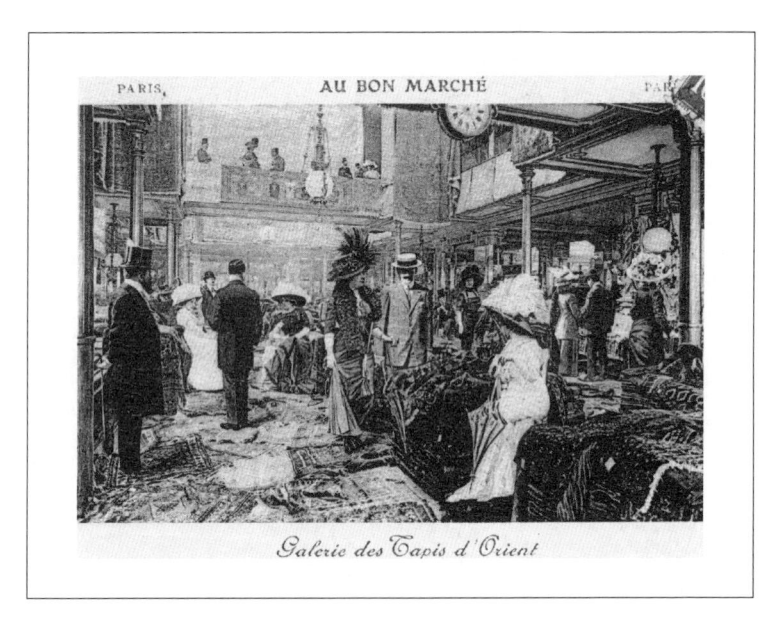

图5 巴黎乐蓬马歇百货商店的东方地毯展馆

无论是对异国情调、对旧时情怀还是对上流社会的模仿，这些空间和场景都不是静置不动的，百货商店会定期举办各类活动，给场景赋予活力。百货公司大亨罗德曼·沃纳梅克（Rodman Wanamaker）就在他的百货商店中举办过"巴黎派对"，活动排场之大，吸引了当地所有的资产阶级。他还举办过时装秀，向费城和纽约的精英们展示巴黎最新的时装。欧美的其他百货公司也经常举办各种活动，比如戏剧、音乐会、列队演出、哑剧以及后来才有的电影放映。这些洋溢着热闹气氛的活动增加了百货商店的吸引力，在市民的生活中留下了印记。

"逛街"概念的兴起

百货商店表现出的种种奢华和专业，都是为了更好地吸引和留住顾客，让顾客沉浸在白日梦中无法自控，从而屈服于消费欲望。为了使顾客长时间在百货商店里停留，这里配备了生活所需的全部设施：餐馆、理发店、博物馆、美容院、阅览室、疗养院、托儿所、休闲室、健身房……有的百货商店里，顾客还可以拍照片、修眼镜、学骑自行车、寄信……1880年至1920年，美国的百货商店就非常重视这些功能的开发。一些有钱的百货公司如梅西百货（Macy's）或史都华（Alexander Stewart）的大理石宫殿（Palais de Marbre），就一直努力增加其服务范围。保罗·杜比森（Paul Dubuisson）在1902年这样评论百货商店的所作所为："经营者为了让女士们在百货商店里不知疲倦地逛下去，做了十分周全的考虑。这里有她们可以休息、阅读、通信和解渴的去处，周围都是友好可亲的面孔。百货商店的目的就是要让女人们把这里视为第二个家，甚至比家更大、更漂亮、更豪华。这里所有的雇员和经营模式都是为了吸引和留住女性。"[15]一个女人走进百货商店后，她可以将孩子送到日托处，然后到茶室和她的朋友碰面。这让零售空间转变为社交场所，从而扩展了人们日常生活中与商品接触的可能性。当人们逐渐习以为常这样的生活后，甚至产生一种感觉，认为资本主义的这些做法是善良仁爱的表现。百货商店的经营者们总是试图给人一种大公无私的印象，仿佛他们经营百货商店是一种与市场民主和全民幸福理想完美契合的"公益"行为。

就这样，被各种揽客手段说服的顾客们渐渐在百货商店里"定居"了，这里逐渐成为女性社交活动的重要场所。妇女们在这里可以远离家务、组成小社团，就像俱乐部里的男人们一样。左拉说："商店里的女人就是女王。商店就像荣耀的庙宇，庆祝着她的胜利。"[16]在19世纪中叶的欧美社会环境下，妇女在街上闲逛的行为常常会引来别人的议论，甚至会败坏她们的名声。在人们根深蒂固的传统观念里，家才是女人应该在的位置，她们应该在家里做家务、安排家庭的日常所需。然而，随着自给自足消费模式的衰退，妇女需要出门、进入公共商业领域，才能购买到家庭所需的日用品。但即使是去商店，多数中产阶级妇女都会乘汽车直接到商店门口，而不会在城市里行走。19世纪，女人们独自上街对性别界限和旧有意识形态发出了挑战。所有那些男性"闲人"在街上闲逛时会做的事，这些女性"闲人"也要做，这就包括四处购物。那时成长起来的百货商店也支持着这种社会变化，成为资产阶级女性解放的推动者，或者说，资产阶级女性解放支持着百货商店的繁荣。百货商店之所以会成为女性的港湾，并非由于经营者一时兴起的理念，而是因为这是一个经过验证的战略。

在实用主义的消费模式中，消费者去商店是为了买某件必需的产品，顾客到商店是有目的性的，会直奔主题地完成购买计划。而百货商店的模式不是如此，这里到处都摆满了商品，消费者是在逛的过程中由于接收到周遭商品的吸引，才慢慢产生需求的。因此，这里的消费者并不是抱有计划性、来完成某件"采购任务"的人，而是那些爱闲逛又爱娱乐的人。"逛街"一词指的就是这种在商店里闲逛的活动。百货商店很支持逛街行为，并把它推行成了一种社交活动，就像逛博物馆或去剧院一样。伦敦赛弗吉百货（Selfridges）的广告这样说："在赛弗吉百货逛街是快活、消遣、娱乐的活动……日常乐趣的重要组成部分。"[17]

当商品进入了人们的日常生活，人们的审美也逐渐与其相适应。橱窗中不断更换的陈设商品告知着人们最新的审美潮流。经常逛百货商店的消费者就会变得更加感性，习惯性地欣赏新的商品，一旦发现样式、颜色和布置有了改变，就会感觉自己之前买的东西过时了，迫切需要更新，这又加速了物品符号价值的贬值。百货商店急于培养消费者对时尚的敏感度，因为他们要想经营下去，就得一直保持大量的业务。19世纪下半叶的百货商店努力提高着吸引力，并提供各种服务和社交活动，试图让百货商店成为人们日常生活的一部分，以加强和延续消费文化。在某种意义上，百货商店训练了人们，让人们养成了商品思维和经常购物的习惯。

百货商店在感知层面和实践层面都对消费者产生了影响。这里就像女人的课堂，改变了她们的审美观念，影响了她们的购买习惯。不少百货商店开设了刺绣、烹饪和装饰课，在课上大肆宣传最新的地板抛光剂、烤箱或咖啡机。迈克尔·B. 米勒（Michael B.Miller）在乐蓬马歇百货商店的历史中写道，百货商店"成为资产阶级的社会同化工具，在整个中产阶级中传播着巴黎上层资产阶级的价值观和生活方式。乐蓬马歇就像一部守则，告诉人们如何着装，如何打扮，如何度过休闲时光。……它展示着成功人生的生活方式"。[18]百货商店贩卖的是一种阶级身份，它们提供符合资产阶级生活方式的商品，并让人们认为购买某些衣服或家具就可以获得资产阶级的象征。通过购买一件商品，人们就可以假装加入了某个令人羡慕的群体。百货商店有意传播着这种阶级身份的体现。这种理念的受众群体是小资产阶级，他们经济实力或文化底蕴还不足以加入贵族或大资产阶级，因而百货商店所传达的这一切，就成了他们信奉的权威。

百货商店的影响使很多资产阶级精英感到震惊，他们指责这些"消费圣地"邪恶又狡猾，利用了女性的虚荣和不理性，对社会发展有害无益。他们认为这些百货商店在恭维女性的软弱本性，靠拍她们的马屁来建立自己的权力王国。在百货商店的影响下，女人变得冲动，被欲望奴役而胡乱消费，甚至放弃了传统的母亲和妻子的角色，这危害了社会结构。在这个"没有亚当的伊甸园"[19]中，女人被一些庸俗的玩意迷住了眼而堕落了。爱弥尔·左拉的小说《妇女乐园》里是这样表现这种新商业模式引起的道德恐慌的："它们在女人的血肉里唤起了新的欲望，它们是一种巨大的诱惑，女人注定要被征服的，首先情不自禁买一些家庭实用的东西，然后受了精美物品的吸引，然后是完全忘了自己。为了把它们的营业额提高十倍，为了使奢侈品大众化，它们成了可怕的消费机构，破坏了许多家庭，造出了各种无聊的时髦货色，永远是一次比一次更贵重。如果说女人在店铺里是一个皇后，弱点外露，受人崇拜，受人阿谀，被殷勤的款待包围起来，那么，她的统治也像是一个多情的皇后，她的臣民在她身上做着买卖，她每一次的恣意任性都付出了她的一滴血的代价。慕雷在他那优美的殷勤里面，允许自己发泄出一个犹太人的兽性——论斤地出卖女人；他给女人造了一座庙堂，用一大群店员向她焚香礼拜，创造出一种新的宗教仪式；他除了女人不想别的，不屈不挠地在想象中探寻更强大的诱惑；可是他在女人背后，当他倒空了她的钱包、损害了她的神经的时候，他就对她满怀秘密的轻蔑，这正像一个男人在他的情妇糊里糊涂舍身给他以后的那种情形。"[20][a]文学作品批评百货商店的缘由之一是为了维护性

---

a ［法］爱弥尔·左拉:《妇女乐园》，侍桁译，上海译文出版社，2003，第65页。

的占有，他们认为女人与商品的关联有某种性感意味，热爱购物的女人被描述得像妓女一样淫荡，被商品所占有，变成了欲望无法控制的怪物。文学作品在对她们购买行为的描写中也有对性的暗示。1882年的一本书中这样写："你看，这位丈夫开着车送妻子到了集市，让一些破布头长时间地诱惑着、掌控着她。她因为各种引人入胜的小玩意流连忘返，掏空了钱包。她的眼睛亮着、脸色发红，当店员为她按上手套纽扣的时候，她的手颤抖着。"[21]在人们眼中，热爱百货商店的女人的形象常和依附有钱人的暗娼关联起来，但她们也代表着20世纪20年代的"随意女郎"[a]风潮。女性身上发生的改变引起了道德恐慌，甚至被认为是病理性的。一些医生认为女性的骚动是"歇斯底里""神经性的"或"和月经相关"。很多这类文学作品都是取材于一些商店里发生的女性偷窃案例，这些案例树立起了"疯女人"的典型。

一门"让人上头"的学科

百货商店在世纪之交带来的影响是一种压倒性的力量，甚至改变了人们的性格和举止。"那些在百货商店里偷窃的人常会说'我失去了理智、头晕目眩、仿佛商品在招揽着我'"，莫里斯·邦坦

---

a 随意女郎（Flapper）指的是欧美20世纪20年代美丽轻佻的年轻女郎群体，这类女性新潮开放、不受传统拘束。

普斯（Maurice Bontemps）医生在1894年的一项研究中这样写。[22]保罗·杜比森医生也在1902年的研究中表示："当女性在商店里受到了各种各样的吸引时，那些数量繁多、种类丰富、惹人眼球的商品就像酒精一样让大脑感到舒爽和刺激。对大多数人来说，那种惬意的感觉或许可以类比甜美的香槟，但对于那些已经处于病态的人而言，则像是极烈的烈酒。"[23]资产阶级对此既好奇又恐慌，因为这打乱了资产阶级的秩序。各种盗窃案的调查结果显示，那些富足体面的女人也会偷些琐碎的小饰品。这些丑闻被公之于众，不少人借此巩固了"女人自负而缺乏理性"的观点。专门研究资产阶级盗窃癖问题的亚历山大·拉卡萨涅（Alexandre Lacassagne）教授注意到，大多数偷窃狂"专门认准了百货商店来偷。百货商店里诱人的陈列成了引起盗窃的因素，毕竟它们就是为了让人渴望而设计出来的。商店里撩人的展品就像视觉陷阱一样使人着迷、眼花缭乱；激起人的欲望"。[24]因此，在百货商店里发生盗窃并不是什么奇闻逸事，而是有其逻辑所在的，这是商品的招摇所引发的效应。百货商店通过各种展示手段，带来了难以抗拒的诱惑，尽管这并不是有意引导顾客偷盗，但是它们带来的欲望刺激的确太大了，已经超出了大多数顾客经济上所能负担得起的程度。于是，在某种意义上来讲，遭人盗窃成为百货商店的一种最高成就，这标志着这种商业机构带给人的极大兴奋，使人沉醉着迷不能自已。以这种角度来看，并不是顾客自己要偷，而是本能的欲望促使他们去偷。然而，当杜比森医生在他的研究中谈到百货商店时，仍然肯定了它的成就，他说：

"我们不能责怪那些聪明人把百货商店经营成现在这样完美的境界，我们也不能责怪他们为了做好生意，智慧地摸索出这一套诱惑之道。当一个女人抱着只买一件的坚定想法走进百货商店后，也依然难免会拎着一些她本来不想买的东西走出商店。"[25]

当我们读起19世纪末的医生、记者和其他人留下的这些文字时，我们可能会以为百货商店奇迹般地突然创造了这一切，彻底改变了商业世界并影响了现代商业的历史。我们还会设想这股新风会摧毁传统的小额贸易，带来像当今这样零售业的寡头局面。但实际上，在20世纪初，虽已经过半个世纪的发展，百货商店的销售额在西欧和美国仍然仅占总销售额的2%—5%。而且，百货商店所使用的大多数手段和伎俩都不是它们发明的，而是在此之前就有了。比如固定价格和产品的多样化在18世纪的一些精品店里就普遍存在了，顾客可以自由出入的模式以及低价出售和库存周转的概念也早就存在了。在18世纪中上层阶级和贵族经常光顾的豪华精品店中，也会使用像客厅一样的陈设将商店转变为社交场所，并给人以真实的沉浸感。百货商店之所以特别，是因为它是这些特性的集大成者，它集中了多种商业技巧和秘诀，并将其制度化，构成了一套商业模型。以前只有少部分精英能享受到的最讲究的商品销售方式，以一种亲民的方式进入了普通民众的生活。就这样，百货商店完成了大众商品文化建设的第一步，也为其打下了基础。

当代的大型零售业可以视作19世纪末百货商店商业模式的延续。现在的大型超市和连锁商店，优势都在于商品众多、高销售量和快速库存周转。现在的商场和购物中心也通过完善餐厅、健身房等各种设施的方式，达到让消费者长时间停留的目的。而当代商品的表演性更是比起19世纪末的百货商店有增无减。在20世纪末的宜家（IKEA）商店中，商品在仿真的房间里呈现，这和一个世纪前的陈列室用的是一样的模式，每件家具，每个物件都完美地嵌入了模型场景里，顾客会把这些场景投射到自己的家中。在宜家，固定的浏览路线也使人们的沉浸感得到了增强。从进门到出门，顾客都被迫沿着固定的路线走，也就连续性地浏览了所有商品。这延长了消费者的沉浸感，也增加了购买的可能，19世纪百货商店场景设计的核心就是如此。在20世纪，随着"商品管理"（merchandising）这一学科的出现，此前的一系列经验变得更加系统化和科学化。商品管理的目的是通过多种手段使销售利润最大化。"商品管理需要考虑多方面的优化，包括优质的产品（搭配），优质的陈设（布局、组织、摆放），优质的时间（季节、潮流、库存），优质的价格（定价、竞争、利润）和优质的质量（服务率、客户满意度）。"[26]这是一门"让人上头"的学科，通过对商品流通以及商品客观关系的分析，它实现了当年百货商店所没有达到的理想。通过绘出顾客的行动轨迹，就可以分析出商店里的热门和冷门区域，即人流量高和低的地方，并借此优化商店布局（比如在冷门区域放一些招揽顾客的低价商品）。通过不断观察、不断校准，经营者就可以操纵顾客在商店里的轨迹，并让顾客以最有利于商店盈利的方式来浏览商品。

　　超级写实主义的仿真场景是19世纪现代商业的另一个基本特

征。19世纪的巴黎古董商总是刻意让陈列品陈旧和杂乱，到了20世纪和21世纪，许多商业连锁店依然用的是类似的模式。一些连锁面包店常用橘色的灯光和木质的装潢，天花板上挂着旧吊灯和木梁，模仿出古老面包铺的场景。店员像在快餐店里一样站在柜台后为顾客提供服务，尽管他们穿着类似面包师的服装——白色围裙和厨师帽，却并不会揉面团做面包，他们卖的面包都是在工厂批量生产出来的。

自19世纪以来，"对感性的技术管理"（technocracy of sensuality）[27]一直是一种不变的力量，在兴起的各种"概念店"[a]里，我们也看到了这种现象。以成立于1892年的美国服装连锁店阿贝克隆比 & 费奇（Abercrombie & Fitch, A & F）为例，该品牌的店面在1990年代后期经过重新设计后，就为消费者带来了拟真的体验。进入商店后，半黑暗的店面、甜美的香气和强烈的电子音乐会给消费者造成多重感官刺激[28]。A & F使用着社会工程学的手段，它提供的感官刺激是为了让购物者处于"情绪亢奋"的状态，"促使消费者冲动购物，并产生积极的消费行为反应，如增加购物时间、购物金额、购买的产品数量等"。在A & F，商业场所的规范被颠覆了，店面被设计得像是夜总会或情色场所，工作人员也和传统的售货员角色相去甚远，他们"炒热店面的气氛，并用热情感染顾客……

---

[a] 概念店（Concept Store）指的是通过提供符合特定社会场景的产品，为顾客提供生活理念的零售店模式。

顾客会惊讶地看到员工们在商品中间嬉戏，有时甚至互相挑逗、互相爱抚"。"商店员工间的关系形式是如此原始（抚摸、拥抱、跳舞、玩耍等），以至于顾客对他们的关注胜过了对产品的关注。"在商店的入口处，游客可以抚摸裸体的模特并拍照。商家通过"把工作人员展览出来以满足顾客的窥淫癖"给人以感官刺激，这在原本平常的市场关系中增添了表演性的成分。对于经常光顾的年轻人来说，这家商店成为一个可以久留和社交的地方。A＆F让他们"和兴趣相同的人共处、塑造和巩固个人定位。用这样的方式，商家留住了顾客，还让顾客对品牌产生了感情"。

像这样，A＆F其实是沿用了百货商店的技巧，并对其进行了更新换代。过去，商店曾是商家和顾客展开谈判的地方，但现在，那些往日景象都无影无踪了，这里只剩下商品自主销售和博关注的把戏。

第三章

商品动力学：
"同与不同"概念下的矩阵传播

在上一章中我们看到，百货商店出售的都是与资产阶级生活方式相符的商品。这背后暗藏着的概念就是，19世纪资产阶级要想体现自己的阶级身份，靠的是符号物（objet-signe）的积累和展示。因此，资产阶级成了消费的领头羊，资产阶级的物质文化成了广义消费文化的起源。

资产阶级物质文化及其重要功能

资产阶级的物质文化是消费社会的起源。要理解这一点，要先了解什么是资产阶级身份。然而，我们很难定义资产阶级的人群是什么样的，因为它涵盖了各种职业、各种财富水平和各种生活方式的人。"资产阶级"这个叫法通常说的是商业家、金融家、食利者[a]，但也适用于政治家、律师、小商人这类群体。有时，阶级的划

---

a 食利者指不需工作，靠定期利息、收益或年金生活的人。

分并不像一层层楼房那样清晰、界限明确,现实生活中,各个阶级更像是一片片紧密排列的鱼鳞,细密交织、错综复杂。对此,阿德琳·多马尔（Adeline Daumard）这样形容[1]:各阶级很难建立起严格的边界,因为划分阶级有很多个平行的等级标准,人的家庭背景、职业领域、居住地等条件都会影响他的社会地位。在19世纪,资产阶级是处在普罗大众和贵族精英中间的阶级。尽管银行家、记者、小商人、医生这些人群在各方面都不相同,但作为资产阶级,他们都有着同样矛盾的身份认知:他们来自工人阶级却不喜欢工人阶级,渴望往上爬,然而得不到贵族阶级的认可,甚至被贵族们瞧不起。

因此,资产阶级努力逃避体力劳动,他们认为这种劳动是低级而"非贵族的"。就算对于那些上班族的资产阶级来说也是如此,"他们靠才智、知识,或是提建议以及监督他人的能力来创造价值,但从不靠双手。……因此,资产阶级总要去做有创造性、有指挥性、有智慧的职业,而把执行性、服从性的体力劳动职业留给大众阶级"[2]。一方面,资产阶级试图把自己与普通民众分开,但另一方面,他们却遭到贵族的嫌弃。法国的布里萨克公爵（le duc de Brissac）就曾表示"资产阶级不是贵族,这是写在定义里的"[3]。无论一个资产阶级拥有何种财富和实力,他也永远无法与老贵族们平起平坐。法国古典喜剧作家马里沃（Marivaux）在1717年说:"资产阶级是贵族和平民混血而成的动物,当他试图表现出贵族的举止时,看起来却像猴子;而当他做出些粗鄙的行为时,倒显得很自然。他贵族的一面是装来的，平民的一面是生来的。"[4]于是，遭鄙夷的资产阶级不得不通过生活方式的改变来接近贵族文化。

资产阶级并不甘于处在两个阶级的中间地带，因此这里成了努力争夺社会文化威望的战场。在这场战斗中，财富是必要但不充分的条件。金钱只是一块敲门砖，更重要的是文化、教育和行为举止。资产阶级有一套必要的生活守则，埃德蒙·戈布罗（Edmond Goblot）把它总结为："资产阶级和别人的区别就在于他们太追求'区别'了。"[5]资产阶级把"人力资本"的重要性附加在子女身上，他们大力投资儿童的教育。通过漫长而昂贵的学习阶段，他们的子女进入社会、遵守固定的规范、获得维持资产阶级身份的文化资本，甚至可能提高全家的社会地位。资产阶级的声望依赖于这种生活方式，并体现在物质文化中。资产阶级信奉一套"占有体系"，物质的占有就是他们存在的方式，他们用财产、动产和不动产来证明自己的品味。这也让模糊的阶级边界变得清晰了。资产阶级注定要一直生活在竞争中，而竞争的主要体现就是他们居住的房子。因此，19世纪的资产阶级乐于举办"招待会"（réception），通过这种社交仪式，他们互相拜访，并对彼此的房屋评头论足，这是他们社会存在的真实体现。

房子展现出了阶级之间的界限。阿尔伯特·巴博（Albert Babeau）在1886年写道："如今，我们可以根据家里房间的数量来把人分类。住在连炉灶都没有的小单间里的人是底层穷人；房间里有能做饭的设施，就差不多达到工人阶级的等级了；如果有独立的

图6 法国摄影师尤金·阿杰（Eugène Atget）的照片："小食利者D夫人的家，位于巴黎皇家港大道。"（1910—1911，来自法国国家图书馆）

厨房，那说明主人的经济程度宽裕很多；如果家里有餐厅，那就更加高级一些；如果还有客厅的话，那么阶级地位就更高了。"[6] 有充足经济基础的人们可以住在宽敞的房子里，不同功能的房间彼此独立：厨房要和餐厅分开、餐厅要和客厅分开、起居区要和就寝区分开、每个孩子还都要有自己的房间。在上层资产阶级家庭中，房子会分为三部分：接待区、仆人工作区和私人区。宽敞的豪宅里还设有专门给工作人员使用的楼梯，把家务劳动力"藏起来"，最大程度地减少主人与仆人见面的机会。这样，舒适又温暖的"家"既与社交空间隔离，又与家务劳动空间隔离，使上层资产阶级在自己的家庭圣地里享有私密的生活。

这种"一分为三"的房子是资产阶级住所的最高标准，只有上层资产阶级才负担得起，较小的资产阶级家庭住房条件也稍差一些，可能会分为公共区域和私人区域两部分。因此，通过房屋，人们一眼就能看出房主的身份地位，在小资产阶级家中，一些功能空间是合并的，而大资产阶级家中各区域则尽量分离。黎欧拉·奥斯兰德（Leora Auslander）曾这样评论巴黎皇家港大道上一户人家的摆设（见图6）："餐厅里摆着巨大的文艺复兴时期的餐边柜，有一张餐桌，角落里还有一架钢琴，而一间小卧室里放着铁架床和类似路易十五风格的床头柜。这些都是小资产阶级住所的标志。他们试图把家里布置成资产阶级风格，但实际上驴唇不对马嘴。因为在真正的上层资产阶级家中，饭厅里是不该放钢琴的，而只有仆人才会用铁架床。"[7]

资产阶级的重要标志之一就是拥有客厅，它既是把资产阶级内部上下层分开的"屏障"，又是一种"级别"的象征，那些拥有足够财富的"客厅级"资产阶级们会互相认可、互相团结。在资产阶级的家里，客厅通常是装潢最好的房间，有最好的灯光和最漂亮的天花板。客厅里基本没有功能性家具和私密物品，纯粹是为了摆排场而设计的，要在接待客人的时候彰显出房主的贵族感。上层资产阶级家里还可能有两个客厅，一个是私人区域里的家庭客厅，用于日常休闲；另一个客厅则专门用于社交。

资产阶级客厅里常摆的东西有烛台、绘画、瓷器、玻璃器皿、地毯、边桌、雕塑、帷幔等，目的是用这些凌乱的小物件填满空间。就像1877年一本美国的装潢指南说的那样："只要人还能走得进去，房间内的东西就不嫌多。"[8]客厅里的一切布置都遵循着与实用主义背道而驰的逻辑，无用的东西大量散布，房间像剧场一样展览着各种物品。资产阶级的家里可能既有摩尔人的手工艺品和中国古玩，又有文艺复兴、哥特式和巴洛克式的家具。这些不同时代、不同国家的元素结合在一起，让家里的摆设像博物馆一样丰富。这些不协调的组合方式表现了19世纪资产阶级的"创意无能"[9]。在法国，每位古代君主的名字都代表着一种独特的风格，每种风格都是和谐统一的，像亨利二世、路易十三、路易十四、路易十五等，都是各自时代风格的代名词。而帝国时代结束后，仿古风潮则把过去的各种风格杂糅了起来。大多数评论家都认为，这些和古代贵族毫无关系的资产阶级，是在用复古主义的方式来象征性地接管权力。资产阶级通过使用旧贵族风格的物品，产生了一种自我陶醉的力量感，他们怀揣着与旧时贵族同根同源的想象，也就愈发强化了自己的地位。

资产阶级的房屋内饰和物品主要就是为了表现其财富，所以他们常用织物和丝绸来美化家具和摆件，如床上的帐顶、地上的地毯、墙上的挂毯等。同时，织物也用来盖在家具上，不让家具难看地裸露在外，有时候盖在家具上的毯子甚至比家具本身还贵。在本来就已经充斥着家具和小摆设的客厅里，还要强加这些织物装饰，是为了让资产阶级的家和普通大众的家差异更大。这就是为什么铸铁炉灶刚发明的时候没有受到欢迎，这种炉灶虽然高效但不美观，因此资产阶级不愿使用，而是更喜欢壁炉，因为壁炉除了能取暖以外，还有装饰功能，也可以用来摆钟表、烛台和其他小装饰品。

此外，资产阶级的摆阔气还体现在两件"活的物品"上，一个是仆人，一个是女人。对房子主人来说，配置仆人的方式和配置装饰的逻辑是一样的，仆人数量越多越好，干活越专业越好，每件家务最好都有专门的人来干，而不要一人兼顾多角，这样就会显得主人的社会等级更高。上层资产阶级的家里配有大管家、男侍、管家、财产管理人、家庭教师、厨师、马车夫、园丁、守卫和贴身女仆。而小资产阶级则负担不起这样庞大的支出，他们只能雇佣一个杂工，把家务劳动全部交给一个人来完成。就像拥有客厅一样，拥有仆人也是资产阶级维护自身形象的"屏障"，是其财富"级别"的展示，是拥有资产阶级身份的象征。

另一件"活的物品"指的就是家中的女主人了。资产阶级妇女要通过她的身体、她的服饰和珠宝来彰显她丈夫的身份，就连在家

图7　布雷昂-卡斯特尔夫人的服饰，发表于1874年11月11日《时装画刊》[a]

---

a 《时装画刊》（*La Mode Illustrée*），被视为现代时尚杂志的开端。办刊宗旨是：通过严谨精确的图画，教授家庭主妇和年轻女士们自制居家实用的服饰用品。

055

里的时候，她们也要穿着有坚硬的衬架支撑的大裙子，上面还装饰着丝带和褶皱。"当我们翻阅1840年代以来的女性时尚杂志时，我们会看到女人的裙子上的褶皱、绉泡、花边和面料，这就像把窗帘穿在身上一样。"[10]对花花公子们来说，拥有女人更是一种有钱的标志，怀抱着一位美女在各种沙龙里四处游走，可比穿金戴银更能显示出自己的财富。"女人打扮得如仙女一般，既没有年龄，也没有姓名，她们就像资产阶级家里的陈设一样，被审美的变化所左右着。她的身体不再属于现实，而是和外物捆绑在了一起，被偶像化、理想化，也被操纵和控制着。房子和女人都变成了商品。"[11]资产阶级的女人为了彰显出家庭的经济能力，必须要炫耀、消费她们的身体，用她们的身体取乐子。用索尔斯坦·凡勃伦的话说，她们是在行使一种"代理有闲"[12]：她们为家庭执行着有闲的义务，因此她的衣服必须沉重，让她什么都做不了，才能展现出闲散。

　　空间、布局、家具、摆设、生活用品，这些所有东西交织在一起，成为一门语言，表达着一家之主的社会地位。每件物品都是一个社会记号，是一个工具，让拥有它的人随时丈量与理想的距离。像所有的语言一样，这种语言也要有一种语法来把各个单一的元素进行有序的排列、整合，资产阶级想要让自己显得地位显赫，就要掌握这一风格语言的复杂语法，选择正确的布料搭配精美的物件，并使其熠熠生辉，不同凡响。这复杂而变换多样的语法，需要专门的人来学习并尝试，而女主人则花了不少时间与物力担任这一职责。[13]为了尽量在家装中彰显品味，女人常寻求各类手册或专门的室内装饰人员的帮助。要想在资产阶级的竞争里不落败，会摆排场是必需的。能否掌握风格语法，也衡量着女主人的价值。因此，资产阶级必须要娶一个最能彰显其财富、最能展示其地位的女人为妻。

尽管只有上层资产阶级才能负担得起那些真正的艺术作品和金银器件，但是囤积、陈设和炫耀的风气却已经蔓延到资产阶级的每个角落了，小资产阶级也受到了影响。工业生产带来的现象是，买不起真正艺术品的人也能够买一些不贵的小玩意儿以及一些假冒的奢侈品。由于19世纪的技术革新，艺术品既变小了，也变多了，工业艺术开启了一个消费假货的狂热时代。商品的繁多使得人人都可以通过购物来彰显自己的地位，人人都可以把自己的家填满装饰品和家具，并给妻子买些镀金首饰和漂亮衣服，无论哪种经济条件的资产阶级都可以借此肯定自己的阶级身份。这种人人效仿的风潮也促进了消费社会的蓬勃发展。这一切都是通过社会金字塔中的"涓滴"[a]一点点建立起来的。然而，要想了解物品是如何多到泛滥的地步，我们需要先了解社会的模式是怎么从等级转变为阶级的。

---

a　涓滴理论又译作利益均沾论，指在经济发展过程中由优先发展起来的群体或地区通过消费、就业等方面惠及贫困阶层或地区，带动其发展。

符号价值以及"同与不同"的张力

在阶级社会出现之前,社会就像"巨型生物链"一样秩序井然,每个人都有其位置所在,人们遵从一种自然的社会等级和政治等级。这种等级制度被看作是天定的,贵族优于平民是因为他们生来就离上帝更近一些。那时的观念认为,人之所以分三六九等,都是由上帝安排的,谁要是妄图改变自己所处的地位,就是对神意的违抗。因此每个人都以符合其等级的方式生活着,限制奢侈法[a]规定了不同社会等级的消费原则,不同等级的人在服装、房屋和食物上都有其标准,超出自己等级的消费则是罪恶的表现。贵族和君主过着奢华的生活"并不是为了个人享受,而是履行他们应尽的义务"[14]。所以,当资产阶级积累了足够的财富之后,为了提升社会等级,他们便自封为贵族,这样他们才有资格获得相应的消费权力。

随着等级社会的崩塌,人们的消费行为也被重塑了。神圣的等级制度不再用于指导消费,市场机制影响着商品传播的方式。这是一套流动的体系,人的消费活动不再取决于他生来优越与否,只取决于他拥有什么。贵族感不再是天定的,而成为一种阶级标志,可以被购买、被获得。这种转变表示着现代资产阶级对权力的夺取。

---

a 许多国家在历史上都曾设立限制奢侈法(Sumptuary Law)来控制公民消费,并加强社会等级制度。一般来说,"限制奢侈"并非对奢侈之风的限制,这种法律会限制特定阶层的人对某些物品的所有权,对人们的着装类型等也有所限制。

这种新的社会模式下，阶级地位关系不是一成不变的，人们的地位依附于市场，随时可能升级或降级。社会地位和社会关系全都取决于别人的眼光。埃德蒙·戈布罗写道："这个社会中的等级只是组织和阶级，不再是一种正式的、法定的等级制度，它不依靠法律，只依靠人们的看法。它仍是现实的，只是不固定也不绝对。"[15]当下，所谓的成功就是"在别人的眼中显得成功"。在各种竞争中，地位的高低都取决于他人的看法，而他人的看法则取决于这个人的表象。所以资产阶级必须努力证明自己的财富，还要通过各种方式来向他人展示。因此，商品和消费就显得愈发重要了。

让·鲍德里亚的"符号物"三部曲[16]很好地介绍了商品的符号功能及其在我们社会中的作用。在众所周知的商品的使用价值和交换价值之后，又出现了商品的符号价值这一新的概念。通过很多例子我们都可以发现，消费行为不能被简单地看作购买一件功能物品的行为，而是要看到其在社会化方面的作用，购买的物品当然具备一些功能，但同时也可以使它的主人进入某种角色。消费构成了一种"通用代码"，一种"定位系统"，展示了人在社会中的位置。因此，鲍德里亚意识到在资本主义生产体系中消费对象的特征与拜物主义间的相似之处："在商品背后隐含着的是生产关系的不透明性和劳动分工的现实性。不透明性使得人们无法掌握符号物真实的价值，于是只好由象征意义来决定它的交换逻辑。"在这种符号价值经济中，优势阶级控制了符号化的过程。因此，看似是人们选择着商品、商品给人们带来愉悦，但实际上这一切都服从着一种集体的社会逻辑，人并不是真的因为内在需求而消费，他们是被符号牵着鼻子走。为了维持自己的地位、为了守住他所属的阶级，他必须遵守这门消费的法则。

符号价值经济也是建立在歧视上的，但这种歧视不是由固有的自然等级造成的，而是与个体在社会中的地位相关，这种地位是暂时的，也是可变的。意识形态革命让人们相信，统治不是由上帝赋予的，那不过是被美化和合法化的功勋罢了。与贵族制的封闭不同，资产阶级的行列是开放的，社会地位的提升，看的是一个人的能力、才华和工作，每个人都可以因此成为资产阶级。但这也是一把双刃剑，如果一个资产阶级懒散、无能或冒失，他就可能随时被市场抛弃。按照凡勃伦的说法，在资产阶级的自由神话中，财富就是"功绩本身"[17]：这是一个自然而流动的社会体系，每个人的地位都是靠价值换来的。

在这种社会秩序下，每个人都有权通过"自我证明"来实现地位的提升。没有人天生优于其他人，所以人们要互相竞争、争取财产，这种通过竞争来实现平等的意识形态也在不断刺激着符号之战的爆发，而符号物就是正在孕育中的消费社会的引擎。在阶级社会中，物质文化按照"同与不同"的双重机制发展。资产阶级为了维持自己的地位，必须抵抗来自阶级以外的压力，因此他们通过炫耀和展示一些难以模仿、难以接近的独特符号，把风格语法掌握在自己手里，为底层阶级设置障碍。因此，若是掉入"大众化"的风格，就等于掉到了和底层人一样的地位。在抵抗着比自己低的阶级的同时，他们在面对和自己平级或比自己更优越的群体时，又努力试图与其相融。因此，符号战争便建立在这种联盟与对立的相持中，人们在试图攀登的同时，又要巩固和捍卫阶级地位。虽然没有了旧有的等级制度，但消费并没有因此变得平等，反而加强了人们围绕着符号物的竞争，成了一种"总想高人一等、总想与众不同的执念"[18]。符号价值经济促进了商品的扩散，表达独特性的手段也越来越多。同时，这种经济大大放大了人们内心的挫折感，因为这种独特性消费和炫耀性消费是与现实社会秩序中的惰性相抵触的。事实上，尽管社会再生产已经得到充分发挥，但社会阶层大部分仍然处于封闭状态。

根据弗雷德里克·鲁维洛瓦（Frédéric Rouvillois）在其著作中的分析[19]，"同与不同"的消费机制在人们附庸风雅的心态中展现得淋漓尽致。人们把那些想努力融进高级群体（贵族）的人称为附庸风雅者（the snob），这些人通过调整自己的风格、消费方式和观点，让自己融入上流社会。通过模仿理想对象的举止和做派，试图把自己同其他普通人区别开来，以免陷入大众化的泥潭。这种特殊的行为常以遥远的、外国的，甚至完全建立在幻想上的群体为对象。"那些懂得更多的人可以靠一类群体、一种文化、一门语言、一套习俗来建立起光彩的特权，而其他普通人可能对这些并不了解。""崇洋媚外"的心理对人们有很强的影响力，人们渴望加入的社会群体正因为遥远，才更让人想接近；越是需要知识才能理解的文化，才更难以模仿。于是，法国的附庸风雅者很多都是英国文化迷，英国却有不少人迷恋法国文化。人们崇洋媚外的对象可以是意大利、德国、西班牙或者北欧国家。这些附庸风雅者所选择的附庸对象需要足够独特，而且根据时尚周期而变化。人们比拼着谁更独特，如果附庸的人多了，附庸对象就会贬值，于是人们又要寻求新的附庸对象。因此，这种"同与不同"的机制就像是金字塔的形状，按上层资产阶级、中层资产阶级和小资产阶级顺序由上到下排列，"资产阶级要通过文化上、地理上或语言上的努力成为绅士：他要表现出他对外国的爱，还要饰以各种美德和高尚，他要表达出外国的东西比本国的好，从而显得自己和本国人不同，他要显得自己比那些满意平凡生活的人更优越"。[20]于是，资产阶级的符号之战愈演愈烈，互相竞争的人们彼此针锋相对。

符号价值经济和符号之战都是基于人们对"和他人一样"的恐惧。在同质化的威胁下，个人必须培养自身的独特性，努力让自己表现得与众不同、高人一等。在比拼审美的战场上，"塑造自我"成为人们的任务，"时髦""风格""品味"都成了个人价值的新指标，代表着人们的审美水平、时尚敏感度以及出众程度。人们要熟练掌握风格语法，避免品味出错，但这还不够，为了让自己更突出、更出彩，还要有自己独特的"个人印记"，也就是要把各种符号组合起来形成个人标记。因此，在符号价值经济中，人们成了自我的创造者，可以通过市场重新塑造理想中的自我，抬高自己的身份地位，不放过任何一个让自己出人头地的机会。19世纪后半叶的文学作品中充斥着这些全力以赴、野心勃勃的形象。[21]在19世纪的西方城市中，人人都要和陌生人见面，要想显得自己有地位、有财富，只需要改变一下衣着外表和举止，就能轻松达到。在城市中，所有社会互动都基于外表、印象和外部符号，人们的社交是匿名而非私人的，这与传统乡村社区截然不同。在自给自足的乡村里，人们的身份是固定的。人们遵从集体主义的理念，即个人要服从于集体。由于人们相互熟识，每个人的身份以及他与别人的关系都是众所周知的，在这种情况下人不可能把自己伪装成上层阶级。然而，随着农村人口外流，人们借此逃脱村庄小社群的监视，加入匿名的城市，从而自由地修改自己的身份。

对自我的建立和自身形象的维护带来的不仅是野心，还有焦虑。每个人都处心积虑要给他人留下好印象，时刻关心自己是否杰出，是否平庸。约束消费行为的已不再是等级制度，而是专业知识、财力物力和敏锐度。人们可以自由选择喜欢的家具和衣服，但消费时必须具有洞察力和创造力，对礼仪举止信手拈来，还要懂得风格语法，拥有独特的个人印记。如果遇到不知道如何选购商品的情况，资产阶级可以求助于商品专家来提供解决方案。市场会为迷茫的人们提供指导，例如一些针对女性的媒体会提供时尚和室内设计的相关建议，提供生活手册、学习装饰和礼仪的书籍等。资产阶级有了这些资源来武装自己，便可以更加激情澎湃地投入符号之战中。

附庸风雅者、丹迪主义者和波西米亚艺术家：
原始消费者的三种形象

我们在本章中描述的所有现象和趋势都在19世纪的丹迪主义者（the dandy）形象中体现了出来。他们是自我文化的先锋，通过符号物的占有和炫耀来体现自己的出众。夏尔·波德莱尔（Charles Baudelaire）写道，丹迪主义是为了"创造一种难以颠覆的新贵"，因为它"建立在最珍贵、最坚不可摧的权力之上、靠劳动或金钱都无法得来的天资之上"[22]，这是一类"嘲笑贵族的贵族"[23]，靠着与众不同、独特和主观而存在。丹迪主义注重个人品味，并通过独创性的搭配方式来展现自己的高级审美。他们"打扮得像一部杰作"[24]，从而获得了贵族般的高级感。他们的服装总是彰显着优雅、挑衅、独特甚至古怪，这种难以捉摸的风格是普通民众无法企及的。为了显得与众不同，丹迪主义者们在物质上、举止上和态度上都要特立独行。他们对世界抱着轻蔑和厌倦的态度，为自己建起一道屏障。丹迪主义者作为一个原始消费者形象，怀揣着建立一种身份、一种形象、一个非凡"自我"的渴望，展现了市场个人主义环境下人们产生的"自我掌握"感。通过把自己打造成艺术品，丹迪主义者体现了"原始现代主义的品味概念，具有独特性和创造性的主观能动性"[25]。他们对于出众的追求具有个性化的特征，反对附庸风雅者试图模仿上流人士的行为。丹迪主义者希望通过出其不意甚至有些过头的外表和做派，展现出与众不同的风采，而附庸风雅者则是努力做得像上流人士一样，以便融入其中。这些人不会像丹迪主义者那样追求过分的显眼，因为要想符合上流资产阶级的规范，必须谨小慎微，处处合规矩。19世纪的资产阶级、丹迪主义者和附庸风雅者都在某种程度上是"同与不同"逻辑的化身，它们的张力赋予了消费社会驱动力。

丹迪主义者之所以出众，是因为他们的个人审美能力，而审美则是基于艺术知识的。因此，在19世纪，艺术感成为衡量个人价值的最高指标和与众不同的试金石。既真实又掌握着审美感的艺术家在新兴的消费社会中成为新权威。艺术家是品味的最高仲裁者，为人们指出时尚的方向：这种"不同"的策略吸引了其身后的整个资产阶级社会，而艺术家们又对资产阶级社会的品味嗤之以鼻。对于19世纪中叶放荡不羁的波西米亚艺术家（the Bohémien）们来说，"资产阶级"既庸俗又愚昧、因循守旧，沉迷于繁文缛节、毫无新意，安于舒适却缺乏理想的生活且毫无追求。与此同时，波西米亚艺术家们选择把自己边缘化，为了艺术而放弃物质上的安逸。然而这种仇恨和对立是虚假的，因为艺术家们与资产阶级实际上是相互依赖的关系。寻找模仿对象的资产阶级从艺术家那里获取新的和独特的时尚，而艺术家们则从中获利。因此，经济精英与文化精英紧密联系了起来。艺术家们懂得如何创造和挑选物品，不断改变着潮流，成为"品味的立法者"[26]。在新兴市场社会中，艺术家们就是符号战争的仲裁者，但与丹迪主义者一样，他们也是消费者。他们对随波逐流和功利主义的厌恶做出了自恋的反应，这构成了他们自己的身份认同,这种身份认同也是建立在标志物之上的,只是更加与众不同,更加有表达欲。艺术家的形象意味着在消费社会"购物成为一种创造、一种发现和一种敏感的表达,不再是与物品之间简单的商业关系"[27]。在19世纪,艺术家对资产阶级有着强烈的文化影响。追随和模仿从未停歇,所有资产阶级都想成为艺术家。当时的一位画家说过:"如今,这个词已经深入人心,传染了所有人和所有事物,人人都说自己是艺术家,就像以前人人都说自己是地主那样,然而事实并非如此。"[28]资产阶级争先恐后地聚集在画家、雕塑家和摄影师的工作室里。很多媒体也对这样的艺术场所颇感兴趣,"用文字和版画详细介绍了这些奇特而迷人的地方,那里面住着艺术大师"[29]。有不少装饰手册从艺术家工作室里汲取灵感,以此指导资产阶级装饰自己的房屋。人们可以在家里摆上画架之类的典型物品,一些大资产阶级甚至把房子的一整层都装修得像个工作室一样,以满足他们艺术家的幻想。

丹迪主义者和波西米亚艺术家是通过物来表现自我出众性的先锋。他们热衷于靠收藏来彰显自己的学识和品味。因此,资产阶级也学着他们,渐渐培养了收藏的兴趣。法国大革命后,很多旧时代贵族的物件散落在市面上,资产阶级们热爱收藏这类"旧货",这就像在某种程度上购买了贵族身份。这种具有年代感的旧物会让他们看上去不那么像暴发户,"让他们的财富显得像是世袭的恩典"[30]。"血统、出身和头衔不再具有意识形态价值,唯一重要的就是物质符号,拥有符号就意味着出类拔萃……所有的年代感都进入了消费的循环中。"[31]这些收藏还能在人们心中构建出自己独一无二的感觉,虽然人们购买的都是一些无用的物品,但是从中感到自我被充实了。人们感到,收藏品彰显了他们高端的个人定位,展现了"真实的自我",它们标志着"人们为自己创造历史"[32]。符号物不仅是人们竞争的武器,也支持着人们表达个性。

矛盾的是,19世纪兴起的收藏活动同时又是对商品社会排斥的表现。19世纪的资产阶级收藏家通常追求艺术品、古董和外国货,这些物品都是极富独特性的,而通过工业化、系列化批量生产出来的东西对收藏家来说没有价值。这就是为什么19世纪的资产阶级会与艺术界关系如此密切。通过从艺术家那里购买艺术品或者订购画作,资产阶级感到自己继承了贵族文化中赞助艺术的传统,他们购买的物品不是工业模具里产出的复制品,而是手工工匠制作的独特产品,而他们自己更是这一艺术品的赞助者。这样的艺术品里存在着一种权力关系,并承载着故事。对于19世纪的资产阶级来说,成套产出的工业产物平庸、不精致,人人都买得到。他们厌恶机械复制的粗俗,转而赞美富含真正艺术的物品。因此我们可以注意到,人们对"本真"的向往成为消费文化的动力,这与现代工业是相辅相成的。只有当生产变得机械化、庞大化和拜物化时,"本真"才会被当作一种价值唤起。

最初,收藏只是一种小众的活动,直到19世纪中叶,资产阶级们投入大量资金搞收藏,这项活动便逐渐蔓延到社会金字塔的所有阶层。在中产阶级和工人阶级中,人们收藏一些没有多大价值或声望的物品，例如明信片、贝壳、洋娃娃或假古董。在这种收藏热下，小玩意儿在中下层阶级中间大量传播。以前只有资产阶级才能在家里填满符号物，但现在这种风潮被推广开来，人人家里都可以填满装饰品，这种风格也就显得平庸起来了。因此，在19世纪下半叶，藏品和小玩意儿的传播让"囤积潮"[33]发展了起来。随着这种风潮在整个社会中传播，其独特性也减弱了。莫泊桑这样评论这种风潮："如今，每个人都搞收藏，每个人都自称行家，这就是流行。"[34]当收藏变得大众化而俗气起来，高雅人士感到被侵犯了，福楼拜写道："如果我们因此灭亡（我们未来一定会因此灭亡的），我们必须尽一切可能阻止入侵我们的狗屎洪水……丑陋的工业主义已经发展到巨大的规模！人们在一个世纪前，就算不懂艺术也能过上完美的生活，但现在却需要那些小雕像、小音乐和小文学。"[35]高雅人士失去了自己的语言，他们的领域被底层人侵蚀，又遭到学究们的批判，他们不得不改进他们的风格语法，让自己再次变得独特。因此，19世纪后期的大资产阶级收藏爱好者在藏品的追求上越来越苛刻，藏品价值也越来越昂贵，以确保他人无法模仿。那些天价的高级收藏品珍贵得独一无二，材质也稀奇精致，足以让小资产阶级望而却步。而那些缺乏文化修养的暴发户由于对风格语法掌握不足，也难以完成这类收藏。因此丹迪主义者们和大收藏家们便可以谈笑风生地嘲讽那些无知又无能的人无法与他们匹敌。

商品的潮起潮落

随着收藏在社会上变得大众化，这一爱好贬值并落入了俗套。这种行为最初是独特而高不可攀的，但现在低一些的阶级也能达到了。收藏和其他行为与物品一样，缺乏本质意义。它是一种意义投射的媒介，而其中的意义是在资产阶级对地位的追求过程中不断演变的。"同与不同"的辩证关系作用于物质，为物质赋予了意义、或剥夺其意义，今天还代表着优越感的物品，明天可能就被人嫌弃了，这都取决于人们品味的变化。资产阶级社会是一场骄傲的音乐会，演奏规则随着个人策略的调整而改变。这就是风格语法难以掌握的原因：风格语法总是不固定的，其中的编码是流动的，要想掌握就得跟上不断更新的步伐。

资产阶级内部为声望而争斗所造成的现象是，一段时间内人们突然追求某些物品，然后很快又突然摒弃某些物品。这种符号之战使商品潮起潮落：先是精英阶级开始认可某些物品，然后人们疯狂模仿，这些物品很快就传播到了整个资产阶级社会中。当这些物品流进社会里，意义很快就发生了变化，经过仿造和复制，这些物品很快就变得连小资产阶级和普罗大众都触手可及了。最终，精英们开始厌恶和嫌弃这些物品，转而去追寻新的消费行为以彰显自我。这类社会上的声望竞赛引发了可称为"涓滴理论"[36]的现象。这种商品的"涓滴"使得下层社会阶层逐渐被资产阶级的消费文化所感染，符号价值经济变得大众化、正常化和自然化。

从19世纪开始，由于工业化以及随之而来的生产成本下降，商品开始在社会金字塔中以速度更快、数量更多的方式流通。在机器时代，铝、橡胶、电镀、仿金、仿青铜、仿大理石都成为新兴的材料。托克维尔这样嘲笑复制文化："贵族的时代产出了一些大作，而民主国家产出了许多'小作'。贵族时代的人们竖立铜像，而现在人们浇铸石膏。"[37]然而这种"涓滴"还有另外的因素。从19世纪中叶开始，工人阶级的偿付能力不断增强，曾经人们手头的钱只能勉强满足吃穿，但现在已经能负担得起一些曾被认为是多余和奢侈的物品了，比如地毯、手表、手帕、遮阳伞和壁炉配饰等。这些物品的社会历史都是相似的，它们曾经是贵族和资产阶级专属的，然后随着"涓滴"，成为大众生活中寻常的物品。通过前文的讲解，这套流程我们已经很熟悉了：一件物品被创造出来，人们迅速沉迷，然后通过越来越便宜的复制技术把它大众化，最后遭到精英阶级的嫌弃。然而这种机制并不是一成不变的社会规律，也有不少例外情况，并不是社会精英的一切都会被模仿，也并不是所有社会上大量传播的物品都会被资产阶级摒弃。牛仔裤就是一个例子，它代表了一种反向扩散的逻辑。牛仔裤最初是工人工作时穿的服装，但渐渐地传播开来，并进入了上层社会阶级的衣橱，成为一种休闲风格的服饰。[38]此外，物品的流动也不能简化为阶级间毫无交叉的追逐行为，事实上，就算在社会最大众的底层群体中，我们也能发现一些驾驭符号物的出众先锋派。

因此，所谓的"涓滴理论"是物品扩散的重要趋势，但并非唯一。是动态本身推动了商业的发展，商品在社会里的流动意味着人们热烈地投入"同与不同"的游戏中，无休无止地追捧，而后摒弃，而后再次追捧某些对象。资产阶级本质上的自卑情结让他们产生通过符号物来补偿的倾向，这对消费的动态来说是不可或缺的。资产阶级是不确定也不完整的，他们必须不断地通过所拥有的物品来证明自己、通过物品来表明自己的身份，并带动了整个社会投入其中。在这种基于能力和品味的社会竞争下，人们过度追求靠真实的物品来证明自己、彰显自己，这样的竞争传递着大量的物品、符号和行为。因此，在资产阶级的消费逻辑下，大众化是注定的，它不断传播和扩张，直到几乎席卷整个社会。

第四章

商品的幻影:
图像在日常生活中的入侵和扩散

通过前面几章，我们看到19世纪出现的市场基础设施、大型生产公司、分销公司以及它们的陈设和表演，推动了市场的发展，但这还不是商业海啸的全部。商品又是如何渗透到农村和小城镇的大众生活中，而不再完全依附于商业基础设施的呢？这是因为在19世纪末，图像成为商品的传播工具，帮助它迅速地征服了人们的感官，丰富了人们的想象力。一旦实现了可复制性，商品的幻影就再也无法摆脱了，商业会波及世界的每个角落，再遥远的人群也可以成为消费者。

从精神自足到理想社群

19世纪，随着现代市场的出现，众多乡村社区解体，城市社会逐渐形成。贸易发展、工薪制度和区域乃至全国范围内劳动分工的增加使"消费文化"得到了发展，这意味着物品的获取以及各种其他商业行为都超出了人们直接所在的社会环境和生产范围。

在前资本主义社会，人们对地理、物质的认知都仅局限在村庄里，了解的事物及社会视野都很有限。由于社交范围的局限性，各个地区的文化都是互相隔绝的，人一旦离开自己的村庄，就要改变习俗、举止和语言。在第一次世界大战之前，法国人的母语都是方言，法语则是学校的第二语言。村庄以外的地方对人们来说往往是未知的，人们对空间和距离的看法"是根据潜在的活动和习俗来定义的。人们不会在意周围的道路，如果日常生活的路径改变了，以前常走的路可能就忘记了。要是离开了熟悉的道路去远处旅行，是很难找到方向的"。[1]埃米尔·吉劳明（Émile Guillaumin）说："在我们生活的乡村里，人们对外面的世界没有一点概念，区的界限就已经是认知的极限了，人们会幻想外面的世界到处是危险，还有居住着野蛮人的神秘国家。"[2]15公里以外的地方，对人们来说已经远得像外国一样了。用尤金·韦伯（Eugen Weber）的话说，空间的限制转化为人们"精神自足"的状态，他们无法想象自己生活范围以外的物质和体验。比如，1830年，当法国军官到奥莱龙岛（île d'Oléron）时，当地人很好奇在内陆生活的人们离海那么远，要如何找到能吃的食物。

直到20世纪初，很多法国人甚至还从未听说过1870年的普法战争。在第一次世界大战爆发时，许多农村社区仍然生活在精神自足的状态下。玛丽-凯瑟琳·桑特尔（Marie-Catherine Santerre）在她的自传中写道，1914年8月3日，当她和她的丈夫奥古斯都一起收获庄稼时，"突然一阵狂暴、异常的钟声响起……平原上有人喊：'这是警钟！着火了！'然后，我们看到田野旁的道路上有不少人尖叫着奔跑，但是我们听不见他们在喊什么。正在劳作的人们在一阵震惊之后，也赶快跟着跑了起来……很快，恐慌情绪扩散开了，伴随着哭声，人们纷纷开始逃跑。我和丈夫面面相觑。当我们从邻居那听到'这就是战争……'的消息时，我们惊呆了。我记得奥古斯都转向我，对我说：'什么战争？'"[3]在这些没有报纸、没有收音机的封闭环境中，世界既遥远又抽象，人们日常接收到的新闻不会超出村庄的范围。

一般来说，长者、父母和邻居会把自己对世界的认知讲述给孩子，人们学习到的也只是小社群内部的知识，因此，在人们的意识里，远方是未知的，人们会在守夜期间相互讲述旧时的故事，并凭借一些日常的生活经验来营造想象。在他们口中，历史是一连串的传奇：有领主、大革命、拿破仑时代，也有巨人、地精和精灵，黑夜则是用来守护村庄免受女巫和狼人的破坏的。然而，虽然村庄的社交生活大部分是封闭的，但也会有外面来的卖艺者和商贩不时出现，他们推着小车、背着背篓，讲述村庄以外的新闻和故事，还会为村民们提供表演和商品。在卖艺者的演出中，画片小贩有着特殊的地位，他们手中的画片就是未来商品的第一个媒介载体：印刷品。最初人们用木刻或版画来再现图像，这种技术出现在14世纪末，方法就是在木板上描上画，然后刻出画面，留下所需的轮廓，涂上墨水印在纸上，图案就呈现出来了。从14世纪到19世纪，木刻技术使人们可以在世界范围内兜售图像，而这些图像的内容往往是人们日常生活里没见过的。它们的功能有局限性。在法国，画片小贩经常被称为"圣徒戏者"，因为他们分发的印刷品上通常是表现虔诚的图像，甚至是一些具有歌颂或诋毁功能的宣传品，也可能会以某些传说和体现传统风俗的场景为主题。那时还很少有图像是用来介绍商品的。不过，这种木刻作品还是过于珍稀，它们的制作比较复杂，耗时很久，成功刻出的板子也有限，而且印不了多少就裂开了。

然而随着印刷技术不断创新，石印、柯尼格蒸汽印刷（Koenig，1814年）和轮转印刷（1848年）都陆续问世，印刷在19世纪变得工业化了。在18世纪末，木刻版画的数量最多达到几千份，而到了1914年，石版画可以快速、廉价地复制数百万张。图像不再是稀有和不寻常的人工艺术品，而成了平凡的一页印刷品，

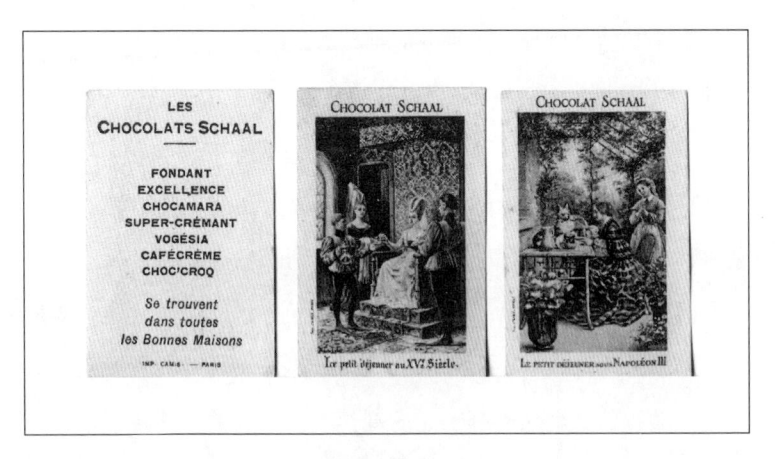

图8 沙尔（Schaal）巧克力工厂的系列彩色石印画片

可以承载人们各种想法,也可以传递各种产品信息。图像的本质逐渐发生了变化,它的本身不再重要,它成了一个载体,成为一个可以展现遥远商品的媒介。

从19世纪中叶开始,商家更多地靠图片来宣传产品。百货公司会免费分发数十万份小册子和画片,生产商也会印刷一些介绍其品牌的小卡片,以促进消费者对品牌建立信任。但有时候,商店和品牌推广者也会制作那些看似和生产销售无关的印刷品,上面印刷着传统的或流行的主题,例如巧克力品牌沙尔在画片上印了历史上人们享用早餐的图片,表达了历史文化的延续,而广告则印在背面。

1880年是印刷品最流行的时候,孩子们喜欢收集漂亮的彩色印刷卡片,还把杂志上的插图剪下来贴在墙上。这些图片打破了人们原有的精神自足,让人们对商品充满了想象,激发着他们的消费欲望。现在所谓的"植入式广告"通常被认为是在电视等视听媒体出现后才有的,但其实图片也是商家"植入"产品的媒介。免费分发的大众画片作为第一个大众媒体,从生产工具的工业化开始,便受到市场力量的支配,用于建立品牌资本和集体消费文化。以出版公司格吕克(Glucq)为例,它与埃皮纳尔(Épinal)图像公司合作,从1880年到1896年制作了一系列展示工业发展的画片,其中有一个专门介绍蜡笔的画片,让读者了解蜡笔的制作过程,而这其实是制作蜡笔的孔特(Conté)公司[4]的变相广告。商品植入和大众媒体一直是共存的,就像印刷工艺的变革与生产力的发展密不可分一样,它们都在资本主义经济的推动下不断前行,不断发展。

在1850年至1890年，印刷品开始在大众中流行，那些有着漂亮图案和艳丽色彩的印刷品吸引了不少人，尤其是儿童，也因此出现了收集和"剪贴"[5]活动。人们会收集彩色的石版画，分类粘贴在笔记本中，有时还会在旁边写上评论、画上装饰。剪贴簿可以被解释为一种消费教育，孩子们按产品类别把图片分类，从而熟悉画上的商品及其用途。在收集的过程中，图像逐渐深入人心，背后的产品、品牌和宣传语也随之被记住了。这些印刷品以其丰富的内容，极强的趣味性，增强了人们对商品的认知和对商业机构的关注。创意围绕着产品展开，并成为人们表达自我的工具。通过收集和拼贴，孩子们建立了关于商品的想象。于是，19世纪后期出生的儿童，通过这些市场媒介，得以了解小社群以外的世界，见识更有趣的事物，延伸想象的空间。同时期出现的商品目录（catalogue）也具有类似的功能，丹尼尔·布尔斯廷（Daniel Boorstin）说："在农村的课堂上，孩子们通过商品目录来学读写，通过填订单、计算总价来学算术，通过模仿插图来练习绘画，通过邮购地图来学地理。在没有百科全书的学校中，商品目录成了教科书的替代品，它图文并茂，介绍着物品的构成、用途、寿命和价格。在许多没有儿童读物的农村人家，母亲甚至用商品目录中的图片来哄孩子。……美国农村的孩子们认为商品目录是世界上所有东西的大全。"[6]

通过图片，世界上更遥远的地方、更多样的事物进入了人们的意识和想象。19世纪版画的普及让商业获得了非凡的力量，让商品进入了人们的遐想，也播下了消费欲望的种子。除了印刷品和商品目录外，商家还与新兴的新闻界结成了联盟，以便用最有效的方式将他们的品牌和产品灌输到人们的意识中。19世纪的记者对公众有很大影响力，他们让人产生共鸣，为人们的生活引入新的主题。渐渐地，新闻界靠着网罗万物的影响力赚了不少钱，他们明白自己的繁荣不是取决于向读者出售多少纸张，而是向广告商出售的受众群体。在19世纪初，订阅数量还不多，一些优秀期刊曾举步维艰，但到了1890年代和1900年代，大报社已经可以卖出数百万份报纸了。

印刷品进入了人们的日常生活，打破了精神自足的状态。带有图片的报纸让世界没有了距离，各个地区的新闻通过电报发送给报社，报社又通过报纸把它们传播给大众，从此人们生活中不再只有身边的琐碎小事，还能了解世界各地的奇观异闻。人们的视野开阔了，新的视野带来了新的影响。人们会尝试着把自己投射到未知的经历里，幻想自己过着不一样的生活。人们的话题也不再局限于邻里家常，而是分享他们读到的、看到的世界各地的新闻逸事。打破了精神自足的印刷品给人们带来新意识、新视野，让人们产生新的共鸣，它是社会重组的基础，人们因此进入了一个由读者和观众组成的社群。人们的话题变得共通了，新闻、肥皂剧、趣闻、商品目录和教科书将人们的认知"同步"，形成了集体意识和记忆。这种共同的物质文化让那些偏远地区的人们可以与世界融为一体，商品的形象也被数以百万计的人复制和传播，于是再也没有人能逃脱这种幽灵般的存在了。

从商店到杂志

印刷品让商品走出了货架和橱窗,进入了百姓家中。商品目录、报纸和传单就像是掌上商店,吸引着潜在顾客。翻阅商品目录就如同浏览商店的货架,不同的是人们可以随时随地享受逛街的乐趣,既不用出门也不用花钱。人们不需要自己走向商品,商品就直接在他们眼前滚动了起来。商品完美地嵌入了图像里,占据着人们的视线。图像本身既是商品,又是商品的载体,这就是它的力量所在。

19世纪末,杂志出现了,这使得图像的双重性得到了完善。杂志(magazine)这个词来源于"商店"(magasin),而"magasin"最初的意思是货物仓库。杂志就如同是掌上仓库,与仓库中货物的流动性相似,杂志中的图像也是流动的,不断地冲击着读者的视觉和心理。杂志是首个完全致力于消费的大众媒体。消费、商品始终是它们的主题,通过在纸上象征性地流通,为完成其真正意义上的流通做好准备。19世纪末,杂志在美国非常受欢迎,月刊杂志的单期销售量从1890年的1800万份,增加到1905年的6400万份。[7]其中,《女士之家》(Ladies' Home Journal)杂志发行量名列前茅,在1884年只有10万份,但在1904年已经增加到了100万份。除美国外,西方各国也都创办了类似的女性杂志。在法国,第一批女性期刊《你的美丽》(Votre Beauté)和《嘉人》(Marie-Claire)都出现在1930年代。

和百货公司一样，杂志的内容也是分门别类的，杂志中一般会有几个部分：故事、采访、旅行、家庭等，读者在浏览的时候就像在逛商店一样，略过不感兴趣的，只看最喜欢的。网格状的主题构建使杂志得以覆盖大量读者，通过每期都带给人一点新鲜感的方式，读者的忠诚度也建立起来了。《女士之家》的编辑爱德华·博克（Edward Bok）说过："一本成功的杂志就像一家成功的商店，要保证商品既新鲜又多样，要吸引顾客的眼球，才能从中盈利。"[8]杂志的专栏就像商店的货架，展出丰富多样的商品。为了营造这种无穷无尽的欢乐气氛，不少人努力付出，主编就像商店经理，向部门经理传达策略，然后众多记者就像商店员工，努力工作，担任着齿轮的角色。百货商店用美丽的橱窗吸引购物者，而杂志的封面也是如此。

无论是周刊或月刊，杂志始终都在推陈出新，每出一期新刊，旧刊就过期了。商品不断更新，时尚瞬息万变，《嘉人》杂志这样写道："我们永远在更新，生活中，每个月都有新鲜的事物出现，我们会时刻告诉人们又该换帽子了，该换花束和果盘了。"[9]就像百货商店的顾客一样，杂志读者也会受到感性的影响。本书第二章的观察完全可以在杂志这一载体上依样呈现：商店顾客等同于杂志读者，他们习惯了浏览新品，对形状、颜色和布局的变化越来越敏感，逐渐厌弃以前购买的陈旧物品，时刻被不断更新的产品诱惑。因此，杂志最终成为吸引消费者目光的重要工具，关注商品的变迁，研究风格语法，为市场提供服务。它引起人们对产品的关注，引领着人们的日常需求，并简化了商品在社会中的流通方式，加速了产品更新换代的节奏。这一系列特性使得杂志慢慢成为消费者的日常指南，而且因其采取定期出刊的模式，每一期的保质期都极短，必然会被下一期替代，也使得它们背后的商业公司长盛不衰。

从1890年代开始，广告成了纸媒占主导的商业利润来源。出版社采用降低价格的商业模式，大大增加了销售额和订阅量，也吸引了更多的读者。庞大的读者群成为可供出售的资源，广告商因此付钱让报纸或杂志刊登传播他们的信息。借助这种方式，媒体不再向读者，而是向广告商收取其业务成本，这也改变了报业与商业之间的关系。报业所担负的使命因此改变了，旧时的报纸是面向公民的，而杂志是面向大众消费者的，其读者受众既没有政治性，也没有社会性，他们只关注商品。

在这种商业模式中，杂志里的内容都是与广告商品相容的，所以杂志营造的内容氛围其实是为广告商服务的。比如女性杂志中的文章主要都是关于食品、时尚和化妆品的。可能在一篇关于保持个人卫生的文章旁边就会有一则肥皂广告，在某个时装秀的报道旁边可能就会有一则成衣品牌的广告。杂志的内容让广告语更有说服力和象征力，它的盈利能力和可持续性在很大程度上就取决于此。如果杂志胆敢刊登与商业背道而驰的主题，就会影响它的发展。比如在美国，宝洁公司就不允许它们的广告出现在有敏感主题如宗教、性、毒品、枪支管制或堕胎等内容的杂志上[10]。

总而言之，杂志和广告具有相同的目标：培育消费习惯和消费文化。广告旨在推广特定品牌和产品，而杂志则更普遍地灌输给人们日常的消费理念，从而间接为商家的利益服务。比如，杂志会倡导以市场方式——即购买某种类型的服装和化妆品——来表达理想的女性美，并借此引起读者的消费欲望，某些行业也可以因此受益。因此，杂志和广告商之间的关系是共生的，他们联手是对双方都有利的事情，杂志从广告商那里获得利润，并帮助广告商打入大众市场。这种手段之所以有效，是因为人们看不出杂志的内容是否与广告有关，图像、颜色、文本和排版组成了复杂的符号系统，让广告被稀释了，变得不那么显眼。不像电视节目中间的广告插播那样生硬，杂志广告没有破坏媒体的视觉连续性，文章和广告都围绕着市场构建话语，并融为一体，它们为读者提供了一个理想的自我投射，供他们幻想，就像共同参加了一场"秀"一样。

为了让杂志刊载的内容完美嵌入广告信息，广告商也使出了不少手段。他们会把广告编辑得像报纸文章一样，比如请医生来宣传他们的产品，把广告写得像个科学发现。更直接的方法是，广告商出资在杂志上发表与自己推广的产品有关的文章。在1880年代，乐蓬马歇百货公司就在法国《画报》（*L' Illustration*）杂志上发表过一篇关于该商场的赞美文章。[11]还有比较狡猾的方式，比如把广告的视觉风格向杂志靠拢，让读者很难分辨出哪些是杂志内容，哪些是广告推广。在1890年代至1930年代，许多艺术家都为媒体和广告商制作过这种具有广告性质的插图。主流杂志封面上的名人也用来做广告。1902年《女士之家》杂志读者评选当年最好的插图时，被投票选出的竟然是一张广告图片。[12]这些手段淡化了广告的动机，让它们更好地融进杂志的内容里，并减弱了读者对商家广告的抗拒情绪。

不少商人想把产品打入消费者群体的这件事掌握在自己手里，比如法国最早的女性杂志之一《你的美丽》就是由欧莱雅创始人兼董事欧仁·舒莱尔（Eugène Schueller）创立，旨在增长人们对于化妆品的需求。在1920年代，《你的美丽》发表了不少关于白发的文章，把白发描述为衰老的糟糕迹象，和这些文章紧邻着的就是染发膏的广告。"如果仔细翻阅那段时间的每一期杂志，会发现不少叙述都关于白发、衰老以及被丈夫抛弃的女人，它们分散在每一期的不同文章里，但主旨又是连贯的，随着时间的推移支撑起了一套观点。"[13]通过一连串的讲述，广告和文章共同塑造了宏观的故事，并为读者树立了新的标准。文章影响人们的认知，改变人们的视野，引起人们的焦虑，让人们想要修正和改变，这时广告就会为人们提供解决方案，带来慰藉。如果撰写文章的就是广告商本人，那这一切就更具凝聚力和协调性了。以《你的美丽》为例，这本杂志体现了媒体对大众发挥的三大功能：消费教育、社会想象的植入、商品平常化。我们将在以下段落中详细介绍这些功能。

杂志通过插图、专访和文章，让19世纪后期偏远地区的乡镇妇女也得以了解消费这一概念，并通过无数描绘上流社会女士们在城市出游的图片，让她们了解到村镇以外的花花世界。尽管大多数读者在物质和经济上还不能支持昂贵的购物，但是杂志让购物行为变得自然化和平常化，人们可以轻而易举地窥见曾经难以想象的昂贵的新事物、新生活。同时，杂志还会灌输给人们新词汇、新标准和新焦虑，例如，在20世纪初，杂志文章和广告开始大量使用"灭菌""杀菌""微生物"或"表皮"等高深的生物学和药理学术语，目的就是促进人们对洗护用品和化妆品的需求。

杂志的第二个功能是植入有利于消费的社会想象。杂志所描述的世界完全脱离了人们的实际生活。理查德·奥曼（Richard Ohmann）批评过，当时美国四大杂志《芒西周刊》（Munsey）、《女士之家》、《时尚》（Cosmopolitan）和《麦克卢尔》（McClure）从未讨论过一些社会现象，如工人、穷人、贫民窟、工作以及移民、美国黑人、工会、罢工这些一直存在的社会问题。"社会主义和无政府主义思想，甚至自由市场思想本身都没有作为一个明确的系统被探讨过。"[14]在杂志构造的社会中，世界既没有分化，也不世俗，亦没有思想。对此，罗兰·马尔尚（Roland Marchand）这样讽刺道："要是历史学家只凭借这些来研究美国历史，可能会认为当时所有的美国人都既富有又杰出。"当工人阶级出现在杂志的"社会图片"中时，他们只是以次要的功能性角色出现，比如"司机、女佣或者杂货店主，以恭敬和幸福的态度为老板服务"[15]，这些社会图片不会描绘粗俗的暴发户，只会赞美拥有贵族气质的上层阶级，赞美他们的着装、举止和尊贵表现。法国的《费加罗》（Figaro）时尚杂志和英国的《居家妇人》（The Woman at Home）花了不少篇幅来报道贵族女士或者皇室的生活。由于美国没有古老的贵族文化，他们则赞美伟大的资产阶级家庭。一个代表性的例子是1920年代和1930年代美国广告中无处不在的女佣形象。当时家务劳动力并不充足，即使富裕家庭中的用人也很稀缺。然而，马尔尚指出，那个时期的广告中85%的仆人都"年轻、白皙、瘦弱，看起来就像主人的情妇似的"[16]。但实际上，当时美国的大多数女佣都是年长的黑人女性。在这种情境下，杂志不是为了反映社会和日常生活，而是为了向消费者提供丰富的图像，用以投射自我、用以提供幻想。杂志让人们对富裕的生活抱有梦想，插图中的人就像是代表读者在体验着奢华。同时，它构建了一个海市蜃楼，把资产阶级的价值观和生活方式变得"大众化"。

杂志的第三个功能是将商品平常化，让商品融入人们的日常习惯。杂志努力克服社会的阻力和矛盾，让新物品和新行为进入人们的生活。以19世纪后期美国杂志上发表的小说为例，很多故事都旨在打破旧有的、对消费怀有敌意的社会观念，促进人与市场的融合。从这种角度看，杂志的功能就像社会润滑剂，帮助新兴的市场变得"正常"起来。我们可以通过自行车的例子看到杂志的作用。作为1890年代出现的新事物，起初当商家打算卖自行车给女性时，人们并不欢迎，保守派们认为自行车会鼓励手淫、损害家庭和谐。仅靠打广告并不足以阻止人们的道德恐慌，使用自行车的女性也没有因此受到尊重。于是，在1890年代，杂志通过撰写自行车主题的美好故事，来把自行车变得平常化。[17]在杂志的故事中，自行车不仅没有威胁到传统的社会秩序，还促使出身良好的年轻人在旅途中相遇，最终结婚成家。同时，杂志上也刊登特定品牌的自行车广告，对自行车的各种优点进行补充。这类关于自行车的故事重塑了围绕它的社会表征，化解了它的反叛性，并创造了一系列关于自行车的积极联想，促进了自行车的销售。这类文章的目的是让人们对某件商品熟悉起来，当它达到了目的，其使命也就结束了。于是，从1900年代开始，有关自行车的故事在杂志上就变得少见了。

从动态影像到白日梦

19世纪末，电影的出现更加强化了商品这种幽灵般的存在。这种新媒介的投射力是前所未有的，动作、特写和剪辑让观众沉浸在连续的体验中。观众被动态影像所吸引，对银幕上的演员、服饰和各种事物着迷……这个更广博的世界强烈吸引着人们的眼球，给人以感官上的刺激，令人身临其境、浮想联翩。电影在彰显着其戏剧性力量的同时，也展现出作为商品载体的巨大潜力。电影使人们在他人身上看到自己，为人们展现了新视角，带来了新思维，并激发人们的幻想和欲望。"电影就像商店橱窗，里面摆满了精美的人体模特，再配上音乐和情感，更使得事物笼罩在拜物的氛围中。"[18]在电影中，我们也发现了前面描述的杂志的三个功能：消费教育、社会想象的植入、商品平常化。

教育功能在早期电影中就很普遍地存在了。1920年代，放映的影片通常由各种小型电影和新闻组成。在20世纪的头几十年，放映的新闻短片里会播放时装秀的内容,将观众带到世界顶级的高级时装之都,如纽约、巴黎、米兰等。还有一类短片介于动态影像和故事之间,旨在宣传某些设计师或商店的产品,内容一般讲的是女主角因为改换形象而开始令人难以置信的冒险。以52集的肥皂剧《我们共同的女孩》(*Our Mutual Girl*, 1914)为例,在这部剧中,一个叫玛格丽特的年轻女孩从乡村来到了纽约,感受着资产阶级生活的光鲜,在第五大道逛街购物、扩充自己的衣橱。"《我们共同的女孩》没有任何叙事线索,它借用了女性杂志的方式,拐弯抹角地使用着各种叙述、演出、建议、时尚和丽人类的话题来突出其消费的观点。《我们共同的女孩》提供了一种基于消费主义的讲故事模式,并围绕消费这个主题来构建故事。它就像逛街般漫无目的地慢走,重点则在穿搭和细节的视觉享受上。"[19]1914年播出时,《我们共同的女孩》还附有免费杂志《我们共同的女孩周刊》,每期杂志都回顾剧中的情节,并刊登一些美容秘籍,或者有关时尚和家务的文章。这是一种共生的关系,服装业从影视曝光中受益,而制片人则靠这些时尚电影吸引越来越多的中产阶层和资产阶级女性进入影院。

从1910年代开始,美国各种系列电影极尽奢华之风,女主角们不断更换装扮,佩戴精美的珠宝,参加盛大的上流社会派对,或者在华丽的豪宅中,被司机、保姆和管家服侍。这样的华丽场景催眠了观众,人们的视线被吸引,思绪飘向了那些他们永远不会去的地方和永远买不起的装扮。电影像杂志一样,都存在与现实脱节的现象。在1940年代，一项研究显示，61％的好莱坞电影主角是有钱人，甚至非常富有，而实际人口中这样的人只有0.05％。[20]我们从电影和杂志中都能观察到相同的"结构性缺席"（absences structurantes），即体力劳动、贫困、工会运动和移民这些社会现象很少被提及。银幕上的人物归属于一类"独特的中产阶级，不存在经济鸿沟，也没有社会压力"[21]。有些电影的女主角虽然是个贫穷、处境悲惨的年轻女子，却经常穿着几千美元的衣服。同时，浪漫喜剧模式在世纪之交也迅速建立起来，这种模式的电影主题常是类似现代灰姑娘的故事，这很好地说明了好莱坞社会形象中阶级界限的渗透性，例如，在电影《它》（*It*，1927）中，由克拉拉·鲍（Clara Bow）饰演的百货公司的年轻员工贝蒂·露（Betty Lou）渴望用爱情征服有钱的老板。她与美丽的女继承人阿德拉·冯·诺曼（Adela Von Norman）竞争，但很快就依靠魅力和清纯获胜了。在其中一个电影场景中，女主角把自己的一件工作服剪成了一件晚礼服，制作出了奢华的效果，并被邀请到丽兹酒店。在好莱坞的社会想象中，阶级的界限是可以靠鲁莽，或以恶作剧的方式来跨越的，以至于人们怀疑它们是否真的存在。电影并不表现现实问题，而是"让人们忘记现实的恶劣环境、忘记日常的烦恼，活在美丽的想象世界中"[22]。

在电影中，美丽而优雅的女演员的形象既是一面镜子，也是一个橱窗。观众既可以将自己投射到角色中，从中获得自恋的快感，又可以在走出电影院后把明星的服装风格当作模仿对象。商品是明星与观众之间的媒介，模仿明星的衣服或帽子，成为改变自我的方式。从20世纪初开始，商人就意识到电影有放大欲望、刺激欲望经济的能力。在很早的时候，汽车和珠宝制造商就向电影工作室赠送他们的产品，以换取在电影和新闻宣传活动中曝光的机会。例如，在1930年代，华纳工作室与通用汽车签订了合同，并在电影中大量展示了该品牌的汽车。正如查尔斯·埃克特（Charles Eckert）所观察到的那样，"好莱坞偏爱'现代电影'，因为它们允许植入广告。很多时候，场景的设计就是为了给商品出镜提供机会。电影里展示的场景很多是时尚沙龙、百货商场、美容院，或是拥有现代化厨房、浴室、大客厅的上流人家"。这不仅仅是"商业对好莱坞的贡献，也是好莱坞对消费主义的贡献"。"在观看影片时，（电影使）人们所产生的感性心理与电影里包含的商品之间，建立起深层的联系。"[23]这种共生关系在时装行业尤为显著。这种联系在1930年代就已经非常深入了，以至于像梅西百货这样的公司在电影上映前一年就能打听到明星在电影中穿的衣服，并制作相似的复制品，然后等到电影一上映就可以在周边商店里出售。

与杂志不同，电影并不依赖于广告收入，虽然它们有时也用奢侈消费的场景来构建想象，但那并不是为了从商人那里拉投资、求生存。上演奢靡的高消费世界对电影来说并非手段，而是核心。电影使观众陶醉在消费体验的白日梦中：电影提供了梦幻的自我投射体验，因此被贩售或消费。社会学家赫伯特·布鲁默（Herbert Blumer）采访了年轻女性观众，并指出了1930年代初期的这种现象:"在我上高中时,我特别喜欢看以豪宅或其他豪华场所为背景的电影。看完这样的电影,我会想象自己和刚刚看到的那些女孩过着一样的生活。我梦想着奢华的衣橱、美丽的豪宅、仆人、进口汽车、游艇和无数帅气的追求者。"[24]当电影开始放映,观众浸入黑暗中,感官完全被吞噬,进入电影营造的场景,与角色融为一体。这是一种窥视的乐趣,是观看、窥探、审视交织的乐趣,这种乐趣由电影对视觉巧妙而复杂的操纵而来。电影演员给人带来幻想,甚至性幻想,也引发了人们自恋的投射。[25]明星是令人向往的,是值得模仿的,也是市场的媒介。有人这样表达自己的对明星的喜爱:"我特别欣赏1940年代和1950年代的劳伦·白考尔(Lauren Bacall),直到今天我仍然这样觉得。我让自己的肤色和她一样,发型和量身定做的衣服也都和她一样。在1940年代初期,劳伦·白考尔的着装规则就是让鞋子、手套和手提包互相匹配,我很欣赏她这一点,这也成为我多年来的'烙印'。"[26]作为商品的媒介,明星借助商品传达了他们的身份和光环。

从1910年开始,尤其是从1920年代开始,银幕上演员们的造型成为影响消费习惯的媒介。演员的头发、眼睛、鼻子、嘴巴等都可以引发观众的模仿。这也得益于市场上新兴的化妆品行业,如染发、烫发、粉底、口红……赫伯特·布鲁默的社会学研究展示了玛丽·碧克馥(Mary Pickford)的卷发对1900年代出生的年轻女性产生的巨大影响,那个年代的女人们经常烫卷发来模仿她。在1930年代,把头发漂成"白金色"的时尚则是为了模仿拥有这种发色的珍·哈露（Jean Harlow）等女演员。除了电影之外，珍·哈露还登上了杂志，她的装扮也成为范本。明星们带来了视觉的展示，"这表明了娱乐、电影和外表之间明显的协同效应"[27]。

从图像投影到"自我项目"

消费社会的历史可以理解为图像增长并进入人们生活的历史。换句话说，消费的增长可以用图像的加速流通来解释。其实21世纪的人类可移动的范围并不大，但和前人不同的是，他们可以通过图像周游世界，从而了解到更多的知识。

商品的发展需要改变人们的观看方式。自19世纪以来大众图像稳步增长，粉碎了人们的精神自足，让商品时时刻刻地存在着，征服了人们的心。在这种新的象征经济中，商品的可见度激增，人们产生了用眼睛消费商品的倾向。随着图像的大众化，人们逐渐成为观赏者，养成了看商品的习惯。报纸、商品目录、杂志、照片、电影……这些在19世纪下半叶出现的新兴媒体之所以受到青睐，是因为它们培养了人偷窥的欲望。观看既带来快乐，也带来知识，这种精神上的游历让消费者学会商品的风格语法。对商家而言，图像的大众化使无所不在的商品成为通用的符号和语言。

因此，图像为商家注入了能量，可以更好地塑造形象、传播商品。自19世纪中叶以来，接连不断的创新更增强了这种力量，每项新技术都帮助图像更好地传播，而且成本也更低。所有新的信息以及通信设备的不断完善也使商家可以更完美地控制和影响人们的想象。通过图像，新商品入侵人们的思想，被人们"意识到"，然后变得正常化，让人们习以为常。除了商品本身，图像还传达了一种有利于商品发展的心态。在杂志和电影中，商品代表了"现代"生活的态度，传达着它的世界观、审美观以及对美和快乐的想象。这些媒介使商家能够诱导人们感知商品的意义，带来文化变革，并支持着新行为和新表现形式的发展。总而言之，图像赋予了商家前所未有的影响力。

现代化让人们逐渐与工业体系紧密相连，商家的图像激活了消费者的认知，就像食物被喂进嘴里、消化吸收。媒体和社群在观念上相互竞争，讲述着各自所认为的好与坏、对与错、道德与不道德。媒体为人们提供图像，供观看、讨论、渴望和模仿，这也是它们"制造"并"构建"观众的方式。商家最大的成就就是用商品来重塑人群。由于商品生产和传播并不一致，消费者群体很容易被引入想象中。通过翻阅商品目录、通过在墙上贴剪贴画、通过购买报纸杂志、通过看电影，人们离开了其真正所属的社群，进入了消费者的虚拟社群。女性杂志完美地展示了这一点。通过一本杂志，数百万来自不同地方的女性感受着相同的时尚变迁。她们探索着相同的物质世界，分享相同的物品、新奇事物、搭配方法和时尚知识。杂志为她们提供了谈资和话题，建立了一种共通的女性文化，传授着各种新商品和新名词，摆脱了地域的限制。一旦进入这个想象中的商业社区，现代女性与她的消费者"姐妹"们就可以分享购买欲望和时尚理论，正是市场实现了这一切。

商业图像的激增使人们对商品的感知拥有了同样的标准、同样的体验和表达。在以前，这些都取决于各地环境，是各不相同的。媒体的发展激发了人们对其他地方的渴望，城市被人们视为消费和娱乐的特权之地，这也导致了农村人口的外流。随着媒体的传播，消费文化也更加完备了，一些品牌名称直接代替了物品本来的名称，一些商业口号成为耳熟能详的谚语。商品的幽灵进入了人们的日常对话。最重要的是，它潜移默化地进入了人们的精神。虽然商业图像中所表现的各种活动往往并不协调，但这些活动却让图像的生产者与世界建立了一种新的关系。这些图像里包含的规范、刻板印象、行为和角色的设置都与商业秩序相容，商家可以通过对符号生产资料的控制掌控人们的意识，通过故意的"结构性缺席"和其重复生产的模式，在人们的脑中虚构一个栩栩如生的世界，利用图像所具有的创造性和规范性，用陈词滥调重塑了人们的常识。大众图像和媒体的出现使商家在文化上更加处于霸权地位，这种霸权让人们很难再有机会接受除此以外其他的社会和象征文化，也就是说，"这些消费活动让消费者从心里接受了这些商业机构及其设立的规范"[28]。

从19世纪中叶开始，图像的发展，使人们能够将自己投射到别处，这也让人们产生了不满和痛苦的情绪。赫伯特·布鲁默在1933年的研究中分析道："通过以一种有吸引力的浪漫方式，电影表现了现代年轻人奢华而自由的生活，让大多数人感受到了当下真实生活的不完美，电影引导年轻女性和男性将真实生活与银幕上的生活进行比较，引发不满和困惑。……电影通常会把特例描绘成常态，并让它显得很有吸引力。"[29]这一套分析也可以用于本章中描述的所有新印刷技术，让沉浸在异国故事中的20世纪初的年轻人，尤其是农村年轻人，感到生活的乏味。

图像的发展让人们将自己投射到原本无法想象的社会世界里，并因此感到痛苦。它通过给消费幻想赋予实体，让人们感到"只有自己例外"，感到自己是受限的、不完整的、贫穷的。它让人们越来越多地展开设想自我的可能性，不再把自我作为社群的一部分，而是作为一个独立的欲望主体。人们从外部受到启发，于是渴望独特的自我，渴望一个具有新口味的自我。大众图像解除了"同与不同"的机制，人们现在可以将遥远的、陌生的，甚至纯粹是幻想的群体作为模仿对象。人们渴望成为的那一类人，或许只有在杂志和好莱坞电影中才存在。凝视、欲望和占有之间的所有联系都因此改变了。现代人是具有反思性的个体。人们渴望变得不同、渴望有所转变、渴望越来越好。这都是因为物质的激发，让人们意识到更多的可能性，从而超越地域限制，超出平凡和日常的生活。可复制性的进步让人们可以看见更多，了解更多，体会更多，这一切都依靠资本主义驱动，引发了现代意识的出现。

第五章

消费心态：
商品化带来的心理变化

19世纪末出现的大众媒体让人们在精神层面上远离了社群，进入了富含符号物的消费想象中。基础设施的变化和由此带来的商品发展引起了人类学上的变化，人们的思想意识和生活准则都发生了改变。随着资本生根发芽，人们的享受活动越来越多。曾经遵守苦行教义的人们，现在改为重视个人自由和自我表达。独立的自我被建立起来了，至少人们自己是这么认为的。

集体秩序和集体精神

　　在世纪之交，西欧和北美的人们出现了剧烈的心态变化，要想了解这种变化，首先要了解村庄社群的典型活动规范。在市场形成之前，绝大多数人处于自给自足的农业社群中。许多事情都要靠社群内的人们协作完成，比如，要储藏足够的食物以备过冬，就需要集体劳作，因为收割粮食和晾晒干草的工作量不是几个人能完成的，需要村庄社群提供劳动力。其他工作如去壳、给猪放血、看管牛群或洗衣服,也常常是众人一起完成的。在这种个人生存取决于集体的经济结构中,是没有与个人消费欲望相关的观念发展的。在那时,现代个人主义的心态是难以置信的,因为这与集体需求不相容。

除了集体劳作以外,人们的个人生活也是属于社群的,婚姻和家庭都需要社群的支持。对此,法国历史人类学是这样解释的。首先,在农民社群里,婚姻构成了两个劳动者的联合,一个男人和一个女人将一起面对生产所需的艰苦工作。他们的父母就像他们的主人,指导孩子选择伴侣,并主导着这场婚姻。根据土地法,孩子是属于家长的,离开家庭就可能被排斥,甚至流浪、死亡。父母和社群都关注着婚姻双方是否门当户对,是否会形成联盟。通过结婚,男人和女人组成了一个生产单位,这涉及整个社群的稳定和生存。村里的青年们还保卫着地理内婚,人们将女人被邻村"娶走"视为对社群造成损害的行为,因为这影响了村里其他年轻人的婚姻可能性。因此,这类事情有时会导致相邻村庄之间的暴力纷争。年轻人的爱情和性都发生在社群的注视下,"整个村子都知道求婚者的进展,知道女孩的态度、双方父母的表现,也知道求婚的结果。所以当两方正式结合时,大家早已经知晓了"[1]。无论是守夜、散步、聚会、舞会还是集市,情侣们的一举一动都在社群居民们的眼皮下,长辈可以时刻关注到年轻人的状态。某些节庆场合,甚至会有一些众人在游戏场合下撮合情侣的活动。社群也参与着新婚夫妻的婚礼仪式,新婚之夜过后的早晨,村民们会将烤肉和汤送到新人的房间里，这种行为也体现了社群对性的控制。

在前资本主义社会，还没有现代意义上的国家，小社群担负了立法和执法的功能，集体是个人的控制者。"要是有丈夫被妻子打了或是'妻管严'，要是有家庭发生纠纷和争吵，要是有妇女通奸或男子花心，要是有外村人和村里人通婚并定居，要是有女孩扰乱家庭和平，要是有同性恋者，那么他们都可能成为人们羞辱的对象。"[2]在一开始，社群维护标准的方式是"温和"的，人们在谈话或聊八卦的过程中给出的建议和责备就足以纠正越轨者。此外，嘲弄、笑话、唱歌和其他"软"羞辱都会阻止人们去做违规的行为。例如，如果有品行不端的年轻女孩，男孩们会在她的门前放置一根树枝，由于这根树枝的意义是众所周知的，因此这也意味着对女孩进行象征性的制裁。如果这还不够，那么年轻人们还可能会组织惩罚性的活动，他们会闯进不守规矩的人家中，大喊大叫，公开羞辱。有时小社群也会组织类似审判的活动，结束后，人们会将越轨者放在驴背上游街，让他们接受众人的嘘声和警告。大多数时候，人们惩罚的对象是不和的夫妇、不服从义务的人以及违反标准的人。要是当事人不在，惩罚有时甚至会落在邻居身上，人们会指责邻居没有尽到维护社群秩序的义务。在这种旧的社会经济中，"每个人的一切都是透明的，舆论是社会纪律的主要（或唯一）维护者，违规行为被视为瓦解秩序的行为。……每个人都受到他人行为的影响，每个人都对他人负责"[3]。

从功能主义的观点来看，个人对集体的服从是传统秩序的核心原则，这也可以通过物质的存在条件来解释。直到19世纪，大多数人类群体都依靠自己的力量和周围的环境来维系生存。每个人都在其社群的有限空间中出生、成长和死亡。正如前一章所讲的，每个人的感官体验都仅限于所能触及的范围，所有的投射都从社群开始，并回到社群。此外，每个相互隔离的社群都像布罗代尔说的那样，在"古老的有机系统"中生活着，人们处在极度贫困和极高死亡率的环境里，饥荒和疾病带来的生存斗争深入人心，人们的这些心态可以称为"生产心态"，在这种心态下形成的社会文化更注重节省，崇尚工作，提倡朴素和精打细算的生活方式。这种文化在中下层阶级里一直持续到19世纪末。在19世纪，大多数人口都是农民，对人们来说，货币的主要作用不是交换，人们也不把自己当作消费者。钱对人们来说更像是"救命稻草"。由于饥荒经常发生，要是有一年歉收，人们就会面临生存问题。人们必须少花钱、多生产，要以可持续的方式生活。因此节约、勤奋和谨慎是当时大多数人赞许的禁欲主义品德，而消费被视为腐败和奢侈的象征，是危险的，甚至有可能破坏经济的稳定。新鲜事物对人们来说风险太大，没人会去尝试。所有人都谨慎地坚持着传统习俗。

然而，从19世纪中叶开始，经济和社会结构发生了变化，古老的生产心态破裂了。比如本书第一章中提到的新的基础设施，它们加速了人员和货物的流通。交通（火车、汽车、飞机）、信息通信（大众传媒、电报、电话、广播）等各类新技术层出不穷，拓宽了人们的活动空间，并催生了新思维。人们产生了更贴合消费的新心态，不再直接为生存而工作，而是致力于用他们的劳动赚钱，然后花着赚来的钱、通过市场满足自己的需要。人们逐渐逃离了公共秩序，逃离了邻居的监视，进入了城市，在匿名的环境里工作，并被华丽多彩的灯光、图像、娱乐和购物活动包围着。

年轻人的出逃

1880年至1910年出生的这一代人的心态分化尤其明显。他们是在市场社会中成长起来的第一代人，他们的生活被图像、商品目录、媒体和电影充斥着，处处弥漫着商业的气息。与此前的人们相比，这一代年轻人有更多的机会从社群中解脱出来。他们通过媒体得到心灵的愉悦，而便利的交通工具则让他们可以真正逃离封闭的群体。在传统秩序中，人们的爱情永远在社群的注视下，而现在，有了自行车和汽车，年轻人们可以更加独立。人们不再遵循传统的求爱方式，而更愿意享受约会的乐趣，约会时青年男女会互相爱抚，甚至有更出格的行为。年轻人们会在车里偷偷喝酒、抽烟和调情，这让长辈们很担忧，批评车子成为"流动妓院"[4]。这些新兴的交通工具，把人们带到城市，感受现代化的不眠之夜。年轻人们四处游玩，舞厅、电影院、台球厅、游乐园、游览船、歌舞表演、游乐场、体育场等地都成了年轻人逃离长辈注视的聚集地，他们在那里也可以体验到不被长辈赞同的消费心态。

人们的娱乐曾经由社群内的免费活动构成，但现在娱乐愈发商业化了。在年轻人的娱乐场所里,人们从传统习俗的束缚中解放出来。商业解释了这一切。对于舞厅经营者来说,卖酒是赚钱的生意。他们让女性免费入场,达到吸引男性客户光临和增加消费的目的。他们让年轻人们自由选择舞伴,从而让他们互相竞争,而人人都想脱颖而出。一些舞厅老板甚至专门聘人来搭讪没人邀约的女性。[5]对商家来说,道德的放松是他们挣钱的机会。新的商业机构深知如何在年轻人的调情活动上花心思,以增长业务,这也是他们商业模式的核心。在公园里,有些景点就是在鼓励人们亲热,而穿过黑暗隧道的缆车也给年轻人调情带来机会。一些惊险刺激的游乐设施还以此作为招揽顾客的方式,比如一个过山车广告就这样写道:"她会搂住你的脖子尖叫吗?"[6]商家用游玩设施来解除人们的道德禁制,从而吸引大量顾客、带来利润。因此,商品化的娱乐设施让人们摆脱了传统习俗的束缚,激发人们寻求精神自由的渴望。在舞厅和游乐园周围,商家还建起了许多附属产业,如冰激凌摊、餐馆、花店等。还有更大型的专门娱乐场所,例如纽约的康尼岛,则需要通过地铁或电车到达。年轻人们得以在闲暇时间远离村庄和社群。商家在营销中暗示人们,要想娱乐就得有预算,要玩得开心就要花钱。金钱侵入了年轻人的浪漫关系里,以至于约会变成了豪掷(mercenaire)[7]的游戏。在爱情的追求中,男人要请客,还要花各种各样的钱。在美国,有一类拜金的女孩被人称为"慈善女孩"(charity girl),男人为她们一掷千金,她们愿意陪伴甚至付出肉体。从逻辑上讲,越有钱的男人,在商业社会的约会里就越有利。

为了充分理解19世纪末娱乐的商品化，让我们比较一下传统和现代社会中两种典型的休闲活动：守夜和去游乐园。守夜活动中，农民们会在夜晚聚集在一起唱歌、玩耍、跳舞和讲故事。守夜活动是跨代的、地方性的活动，大家轮流在村里的各家房子里聚会，娱乐活动是免费和自由的。随着休闲活动的商品化，这种活动逐渐消失了。相反，在20世纪初兴起的游乐园远离了人们的生活和工作场所，创建了一个独立的娱乐空间。在这里，娱乐成了一种商品，它们配置专业的装备，并作为一项服务出售。事实上，守夜的意义不仅在于娱乐，也有其经济意义，通过聚在一起，大家可以节省用来取暖的宝贵木柴和用来照明的昂贵蜡烛，人们还可以一边唱歌，一边聊天，一边清筛坚果，一边编织衣服和篮子。在守夜活动中，年轻人也有机会通过游戏相互求爱。因此，守夜活动本质上是功能性的，而游乐园则完全是享乐主义的，与工作毫无关系。在商家提供的娱乐场所中，娱乐活动摆脱了公共束缚及其地理限制，情侣们可以更轻松地享乐，无须担心被人看管，也无须在意长辈们的感受。人们借此培养出了娱乐精神。

世纪之交的年轻人脱离了真实的社群，加入了"想象社群"，催生出针对他们的细分市场。这种细分表现在市场锁定相应的年龄段，开发相应的产品，发展相应的文化。这形成了流动的、开放的消费社会，人们身份的确立不再遵从自给自足的生产社群的狭窄框架，而是通过市场及其媒介贩卖的多种体验和产品来建立并彰显。对于20世纪的年轻人来说，根据他们这一代想象社群特有的编码和标志,"同与不同"的模式在他们内部展开。这是第一次有针对年轻人并构成他们自己消费文化的产品出现,比如根据学生的生活制作的小说和电影推出,年轻人的服装风格也被展示在商品目录和杂志上。媒体兜售着年轻人特有的语言和时尚。思想上的剧变基于经济和基础设施的变化:通过工薪制度的发展,很多年轻人找到了独立的、有偿付能力的新定位。而且,在20世纪上半叶,越来越多的妇女也离开家庭到大城市工作,并赚得了可供独立生活的工资。经济增长和工业发展促进了国家教育系统的出现,也导致越来越多的年轻人离开家人和原有的社群。在学校中,年轻人都是和同龄人在一起,并在同龄人那里得到认同。正如威廉·洛克滕堡(William Leuchtenburg)总结的那样:"家庭失去了许多原有的功能——国家、工厂、学校甚至大众娱乐场所都剥夺了家庭曾经的功能。"[8]年轻成为一种虚拟的观念,是可以通过消费来培养的,整个社会都在它的控制之下。

消费心态及其成功因素

随着市场基础设施不断发展、新的消费机会不断出现,过去的生产心态受到了冲击,也面临着越来越受认可的新兴道德观念的挑战。此前,消费行为因显得奢侈和轻率而被人谴责,如今渐渐为人们所接受,成为一桩乐在其中、为己所用的乐事。古老的禁欲主义中所包含的负罪感和自我约束的告诫失灵,人们如今对此嗤之以鼻。

在逐渐兴起的消费心态中，购物需要满足人们自我表达和自我实现的目的。像18世纪的丹迪主义者一样，现代消费者在意的是一种符号，这种符号表示他们可以通过拥有某些东西来使得自己成为某一种人。在这种心态下，相比在生产链条中所处的位置，人自身价值的高低更多的是通过商品来表达。因此，现代消费者也常被认为是"他者导向"[9]的：与上一代人相比，他们更加关注所购商品的符号价值。"新兴的现代社会观念如'人可以建立自我'，其实是指'通过消费建立自我'。也就是说，我们可以通过使用特定产品和特定服务来建立并展示我们的社会身份。于是，消费便成为给人们带来自主性、意义感、主观性、专属感和自由感的特权场所。"[10]在消费社会中，人的自我并非既定，而是一个永久性项目（projet permanent），个人可以利用市场提供的符号资源不断地构建和重塑自己，同时，人们也会通过某人在建设自我上投入的个人努力（travail personnel）来评判这个人。

为了理解主观主义文化的兴起，我们必须先了解商品和伴随商品而来的经济个人主义、政治个人主义的关系。在市场社会中，每个人都需要为自己的成功或失败负责，而评判一个人的标准就是他取得多少成就。这就是为什么在世纪之交的过渡中，"气度"和"美德"的概念被逐渐淡化，取而代之的是与"个性"有关的概念。在各类媒体和生活指南中，对简朴、节约、责任感这些典型生产心态品质的赞誉越来越少，更多的笔墨则花在突出主人公的魅力、吸引力和迷人程度上。"新的个人修养守则强调注意轻声、练习当众演讲、健身锻炼、养成良好的饮食习惯、拥有晒得恰到好处的肤色和良好的卫生习惯——但很少关注道德。"[11]因此,"在这种新兴的注重个性的文化中,每个人在社交上都必须要成为表演者"[12]。为了表现个性并给人留下深刻印象,人们就必须善于表演,并知道如何管理自己的外表,正如英语文化中的"印象管理"(impression management)这个表达一样。

这种新的心态体现了社会的转型。在过去的社会中,个人主义是有害的,人们为了满足集体需求而必须压抑个人欲望。然而,在现代和自由的经济背景下,人的主观性、欲望和野心都有利于其在个人发展和自我实现的竞争中赢得胜利,因而对自我的重视成为一种要义。人们变得独立,人与人的关系不再自然亲密,而是通过契约的牵制和资本的流动互相连接。

在世纪之交出现的消费心态表达了一种想要跟上时代的渴望和适应商品流动的渴望。这种新的心态之所以能运作,是因为它适应了资本主义的基本原理,即通过积累和竞争的机制,不断推出新的商品和新的意义。这种新思想的基本特征是可塑性和可延展性,它所追求的符号一直在变化、更新,一直在被不断创造,因此这种心态从根本上来讲是贪婪的。"消费不断推动社会变革,而社会变革又不断推动着消费变革。"[13]这是一套不断变动且相辅相成的逻辑。基础设施与上层建筑之间这种基本的相互关系可以用马克思和恩格斯作品中的著名表述来解释:"资产阶级除非对生产工具,从而对生产关系,从而对全部社会关系不断地进行革命,否则就不能生存下去。……生产的不断变革,一切社会状况不停的动荡,永远的不安定和变动,这就是资产阶级时代不同于过去一切时代的地方。"[14][a]

就这样,人的思想和行为追随着不断变化的商品,支持着对商品的持续消费和替换,并与一种新兴的"进步论"意识形态相结合。"进步论"认为商品的入侵和更替是工业进步和生活舒适、便利、进步的体现。物品和工艺的繁多被解释为是人类智慧的体现,是劳动实践的实现和发展。在消费心态和"进步论"的意识形态中,新颖是一种优点,因为它代表更先进、更优化、更完善,人们得以掌控着最好的商品、享受着更大的乐趣。事实上,这种不断消费的心理产生的前提是在人心中建立一种持续不断的投射活动,让人们永远对所拥有的物品不满意,而斥资购买新物品。理想化的消费对象总是会比我们所拥有的要稍微好一点,欲望的张力[15]使我们努力想达到理想化。一件产品在人类眼中的形象是不断变化的,它们先是被购买然后被嫌弃,先是令人趋之若鹜很快又令人嗤之以鼻。那些一度被认为是具有突破性的、新颖的、有创意的、引人注目的产品,一旦被市场传播开来,在消费者眼中也就变得习以为常了。人的需求就是这样被无限扩展。欲望的张力不断朝着新的产品进发,那种没有得到满足的感觉一次又一次地被重新激起,成为这种商品经济的核心。

---

[a] 马克思、恩格斯著:《共产党宣言》,中共中央马克思恩格斯列宁斯大林著作编译局编译,人民出版社,2018,第30页。

让我们重新回顾一下这个过程：过时的生产心态逐渐消失，原有的集体社会秩序分崩离析，随之而来的是自主性、自我表现主义和个人主义的兴起，消费心态开始生根发芽。我们可以用舞蹈的演变来表现这个过程：直到19世纪，唱歌和跳舞都是农民社群中具有实用功能的活动。人们唱歌是为了给工作增添动感，比如以富有节奏的方式完成收庄稼、赶牛等工作，并在歌声中全情投入劳作活动。舞蹈则被赋予着神奇的意义，甚至被作为祈祷丰收多产的仪式，比如，"在巴斯克地区，人们相信跳舞可以促进作物生长、保护牲畜免于蹄叉病，还能保佑育雏成功"[16]。那个时候，人们都是在从事生产的地方跳舞，比如面包炉前、肥料堆上、葡萄园中……在集体主义的秩序中，很多舞蹈都是集体性的，比如环舞、勃浪舞、卡罗尔舞等。"传统的舞蹈从本质上说是集体活动。动作简单易学、富有节奏，有时候村庄里的所有人都会参与到同一支舞蹈中。舞者之间相互很亲切，跳着一样的动作。一起跳舞的人往往都互相熟识，并具有相似的生活背景。……舞者们握着手，互相搭着肩膀或腰部，重复同样的脚步，跳得极为熟练。"每个舞者"都是这项集体活动的一分子，无需自主性、不用承担责任，也不展示自己的个性"[17]。这种舞蹈没有即兴创作或展示个人创造力的余地，它融入社群里所有年龄段居民的活动中。

然而，到了19世纪，商品化改变了舞蹈的方式，舞蹈不再具有传统的集体主义和功能主义性质。舞蹈变得更加个人化了，环舞和卡罗尔舞不再流行，"在法国，出现了很多更具个性的舞蹈，比如奥弗涅的布列舞（bourrée）、布列塔尼的贾巴多舞（jabadao）、布雷斯的黎高冬舞（rigaudon）等，这类舞蹈只需要两个、四个或六个人跳，很少有众人一起跳的"[18]。最重要的是，情侣舞蹈得到了广泛传播，例如标志性的华尔兹——在法国被昵称为"肚皮贴肚皮"（ventre-à-ventre）——这种舞蹈在社会上引起了批评，因为男女的身体靠得很近，跳舞仿佛只为让情侣们陷入二人世界。从那时起，年轻人脱离了集体，大老远跑去由商家组织的专门舞会上跳舞。过去的舞蹈音乐是由社群居民们自己演奏的，而现在播放音乐的工作则被付费委托给音乐家。跳舞成了一种付费服务，跳舞的场所把生产者和消费者彻底分开。通过这些变化，舞蹈失去了它的功能性，不再作为一项保护村民、鼓励生产或庆祝丰收的仪式存在，而是变成了一种快乐、好看、有趣、自发的享乐主义活动。

华尔兹在19世纪还因为有伤风化而被批评，但到了20世纪初已经是过时和保守的代名词了。人们试图用更自由和狂热的形式来改进华尔兹舞。斯皮尔舞（spiel）就是1900年代的一种新兴流行舞蹈，它的名字来自德语"spielen"，意为玩耍、演奏。这种舞蹈借鉴了华尔兹的舞步，但让舞者们距离更近了，几乎完全贴在一起。上层阶级的华尔兹舞蹈至少还是保持一些距离和规律性的舞蹈，而斯皮尔舞则截然相反，它不守规则、风风火火，跳起来就像旋风一样。20世纪初，非裔美国人的舞蹈文化逐渐得到美国白人的认可，也被传播到全世界。很多新流行的舞蹈摆脱了旧时传统舞蹈的束缚，打破了常规姿势和规则，更注重个人的自我表达。1910年

图9 爵士舞蹈

代和1920年代的一些流行舞蹈里，还包括模仿动物的动作，比如熊步（grizzly bear）、火鸡步（turkey trot）、兔子抱（bunny hug）等，这些滑稽和欢快的动作都具有"非洲拟态舞蹈的影子"[19]。1910年代和1920年代诞生了数百种这样的新舞种，其中最著名的舞蹈有希米舞（shimmy），这是一种挥舞肩膀，而身体其余部分保持不动的舞蹈；还有扭摆舞（black bottom），这个舞种包含一系列跳跃的侧步。所有这些被称为"爵士"的新舞蹈都有共同的特点，就是即兴表演，舞者在固定动作的基础上，还会根据舞伴的表现和音乐的节奏进行改编。舞蹈因此更有个性，更加自由化，甚至可以相互比赛和竞争。在集体舞蹈中，固定的舞步让舞者们处于完全平等的地位，但个性化的舞蹈让人们充分展现舞蹈才能，人和人有了区别，这种区别影响着他们的受欢迎程度和社交成果。

总而言之，18世纪到20世纪之间，舞蹈从集体编排转变为个人编排，从严格编排转变为松散编排，其原有的功能性也转变为享乐性。如前文所述，这表明了人们从生产心态到消费心态的转变，尽管这种巨大的转变并非没有阻力。爵士舞被视为人性的解放，动作不再是固定的，人们可以即兴舞蹈，也有了在舞蹈中互相触摸的自由。男人可以在舞蹈过程中将手放在女人身上，这让舞蹈成为性欲的隐蔽表达。不少人还认为黑人音乐造成人民的野蛮化。然而，这不仅仅是简单的舞蹈问题，还揭示了现代化所引发的焦虑。

欲望的正常化

在消费心态出现的世纪之交,支持现代化的人和反对现代化的人在新兴的媒体空间里相互对峙着。前者大肆赞扬现代性的闲散、自由和自然,后者则强调着道德恐慌,呼吁保留古老的精神。

在法国,在被称为"美好年代"[a]的那段时间,反现代主义者却认为人们的审美和精神正在走下坡路,认为资产阶级变得越来越庸俗,认为这是衰落的开始。在美国,直到1910年代,宗教保守派都反对人们日益增长的欲望,并主张遏制欲望。他们坚持遵守社会等级,认为这是上天旨意,而通过炫富来打乱等级制度是有罪的行为。保守派认为,上帝给了人们什么地位,人们就应该在这个位置上快乐地生活。大多数反对派都出生在百货公司、商品目录和大众消费品发展起来之前的年代,这一代人一直保留着旧的生产心态,甚至通过在报刊上传播道德故事来劝说大众。他们撰写的很多道德故事里的女主人公,都是因为没控制住对漂亮衣服和社交的渴望,从而堕落,一发不可收拾,甚至沦为卖淫女。[20]这些老一辈的道德坚守者中有教师、神职人员和改革家,他们敦促人们抵制诱惑、保持克制和清醒。然而这种保守的心态在1910年代逐渐弱化,人们

---

a 美好年代(Belle Époque)指从19世纪末开始至第一次世界大战爆发而结束的一段时间。美好年代是后人对此一时代的回顾,这个时期被上流阶级认为是一个"黄金时代",此时的欧洲处于一个相对和平的时期,随着资本主义及工业革命的发展,科学技术日新月异,欧洲的文化、艺术及生活方式等都在这个时期发展日臻成熟。

更容易接受快乐，不再把享乐当成坏事。

世纪之交的美国媒体也展现了新的消费思维方式，当时最受欢迎的女性杂志《女士之家》就展现了道德观的变化。在1880年代和1890年代，杂志上还刊登道德故事和保守观点，谴责一些爱装阔气的女性。但从1920年代开始，它便开始倡导任何地位的女性都有穿衣自由的权利。从此，女性杂志不再谴责那些消费水平超过其社会地位的女人，转而谴责那些不懂风格语法、不会消费的女人。摆阔气不再被指责，而不懂品味、买不对东西、不懂符号价值的人则会被嫌弃。1900至1910年是个过渡期，是新消费观念逐渐渗透的时期，在这个时期，很多杂志传递着矛盾的情绪，时而发表对消费的责备，时而又赞美消费带来的享受。比如，詹妮弗·斯坎伦（Jennifer Scanlon）曾在其著作里介绍："在1912年的杂志里我们可以看到讲述'普通的乡下女人'对时尚错误追捧的文章，但再翻一页，紧接着又会看到'我眼中的纽约'这类吹捧最新时尚的文章，论调截然相反。"新观点和旧观点交错着，在这种情况下，杂志"不是伪君子的角色，而是瞬息万变的文化管理者角色"[21]。这也体现了本书第四章中提到的媒体的商品平常化的作用，即通过管理社会矛盾来发挥作用。

而在电影领域，1910年代也同样是转变发生的年代。拉里·梅（Lary May）曾提到1907年至1919年的美国电影的"阴谋"，这些电影里更多地展现一些"不守规矩的主人公，而在此之前，这些角色基本都是外国人、罪犯或贵族"[22]。一些作品还会嘲讽传统保守的道德观和等级观，例如在1920年的电影《随意女郎》(*The Flapper*)的开头，有这样一段话："想象一个没有酒馆可封的小镇……这就是奥兰治泉（Orange Springs）。……在这里，连教会组织的出游活动都会被人认真看待；喷泉旁拿着汽水走过的年轻女孩都能引起八卦。"这段幽默的描述表示着人们心态的变化，拉里·梅这样分析："过去，观众嘲笑不符合维多利亚时代标准的角色，而现在他们反过来嘲笑维多利亚时代的标准。"[23]在1900年到1930年，对守旧观念的批判也常常通过含有东方元素的比喻来表达，那个时期不少小说都讲述着"沙漠浪漫"的故事，比如贵族阿拉伯王子爱上了单纯年轻的白人女孩。在1921年以伊迪丝·莫德·赫尔（Edith Maude Hull）的小说改编而成的电影《沙漠情酋》(*The Sheik*)中，鲁道夫·瓦伦蒂诺（Rudolph Valentino）饰演的阿拉伯王子成功追求到年轻的英国女子作为自己的情人，把这种"沙漠浪漫"展现得淋漓尽致。这类以文学和电影的形式展现出来的"沙漠浪漫"故事，被认为是在引发人们的情欲，从而被谴责为败坏风气，但这却意味着人们心态的解放和对感官愉悦的追求。在旧时社群里、在禁欲主义的环境中，这样的追求是可耻的，但在新兴的消费心态中，这却是理所应当、必不可少的。

在1933年实施电影审查制度之前，好莱坞制作了许多自由主义和享乐主义的喜剧，彰显着消费心态。比如1926年《跳舞的妈妈》(*Dancing Mothers*)讲述了一位母亲被丈夫抛弃后爱上了自己女儿的约会对象，并逃离家庭的故事。而1928年《跳舞的女儿》

（*Dancing Daughters*）中，年轻女孩的母亲鼓励她们去引诱并嫁给富有的继承人，结果实际上这个继承人是假的。1932年的电影《红发美人》（*Red-Headed Woman*）和1933年的《娃娃脸》（*Baby Face*）的主角都被称为"女捕食者"，她们利用性爱和其他手段掌控男人，从而在资产阶级社会中站稳脚跟，以此愚弄这个社会的虚伪标准。在这些电影中，呈现给观众的往往是女性如何凭借自身的魅力获得奢华的消费主义生活。为了迎合人们的道德观，这些故事最后经常会有个转折来消解与现实社会的矛盾，比如坏人受到惩罚，女主人公重新走上婚姻爱情的正轨、不再颠覆旧有道德规范等。但是，对于批评者来说，这些电影仍然对人们的精神造成了损害。新兴大众媒体以故事、电影等方式描绘了众多肆无忌惮、冲动、欲望强烈又爱消费的年轻享乐主义者，这自然会受到人们的喜爱，并引发模仿。

人们对快乐和欲望的享受不仅占据了新生的媒体想象，也引起了知识分子的兴趣。许多20世纪早期的思想家，无论是经济学家、精神分析师还是生物学家，都将欲望看作人类学的重要组成部分。对于新一代知识分子来说，嫉妒和竞争源于本能，而不是源于罪恶。自由主义经济学家继承了曼德维尔[a]学说，将激情、不满

---

a 伯纳德·曼德维尔（Bernard Mandeville），英国哲学家、古典经济学家。曼德维尔认为个人追求自身利益的行为可能会推进整个社会的福利，这也被称为"私恶即公利"观。

和对享乐的渴望视为对致富有利的心态。进化论者否认满足论[a]的观点，认为人的本能来自其动物本性，人类社会并不遵循天意，没有一成不变的秩序，这里充满了欲望、竞争和生存活动，因此人们必须要不断适应新情况。这种理论认为，不满和嫉妒是人类进步的动力。通过动物性的论证，人类的冲动显得合情合理，这也为弗洛伊德学说的传播开辟了道路。一战过后，弗洛伊德的理论经常出现在媒体上，比如无意识、潜意识、压抑、性本能、固着、自卑情结等。弗洛伊德理论带来了各种新名词，同时也为消费者心态提供了"科学"支持。在他的理论下，无论是道德的行为还是不道德的行为，堕落的行为还是高尚的行为，都只是人本能的表现罢了。在我们不知情的情况下，本能决定着我们的行为，这种隐藏的秘密机制解释了人的自私。除了本体论之外，弗洛伊德学说还为个体赋予了内在性和本我，借此认可了主观和个性，并鼓励人们表达自己。在他的理论中，要是过分压抑"真实"的自我，会有引发精神疾病的危险，而勇敢认识自我，则可以让人实现独立自主。

卷土重来的束缚

新兴的消费心态在1910年至1930年经历了很多变化，这一切

---

[a] 满足论认为每个人都有某种需求或动机，人的行为是为了满足其需求或动机。

尤其体现在女性身上。当时媒体里充斥着一种新的女性形象：随意女郎（flapper）。这种女郎大多是十几岁的年轻女子，留短发、身材修长、有点笨拙、极度外向，她们像男人一样抽烟、喝酒、工作，并敢于自我表达。随意女郎也是一种消费者形象，因为她们的身份常常和几种典型商品相关联。她们经常化浓妆，穿着轻便的无袖连衣裙、短裙、钟形帽、膝下透明丝袜，也会穿灯笼裤这类运动装。随意女郎形象是通过其外在特征和消费方式（尤其是服饰）展现出来的，因此，通过购买和搭配"正确的商品"，年轻女孩就能获得这种角色、这种身份。

图10　1926年法国的随意女郎

随意女郎代表了一种生活方式和一种追求解放的生活态度，而这一切都是靠消费来表达的。通过化浓妆，她们颠覆了传统审美，在此之前，只有卖淫女才追随这种妆容；通过剪短头发，一直以来女性气质的标志也被她们摧毁；她们喝酒、抽烟、疯狂跳舞、大声说话，以此展示此前只有男性才拥有的自信心和征服者形象。随意女郎的外表举止与旧有女性规范形成鲜明对比。在维多利亚时代，理想的女性气质是像处女般纯洁而精致，她们要做家庭的守护者，她们自我牺牲、服从、虔诚、懂事，把全部心力倾注在家庭中。面对丈夫，她们顺从、被动而谨慎，既要体贴照顾又要小鸟依人。她们用厚厚的衣服突出丰满的胸部和臀部，象征着生殖文明。而1920年代的女性则和1880年代的女性截然不同。她们不再被维多利亚时代的紧身胸衣、衬里和长裙面料压得喘不过气，她们成为身穿运动装、开着闪亮汽车的随意女郎，她们拥抱着现代化并享受着现代化带给她们的灵活和速度。

这两种形象是非常对立的。维多利亚时代女性处于稀缺经济环境下，她们具有生产心态，追求生活的稳定性，服从禁欲主义的要求。随意女郎则表现出激烈、活力和享受的人生态度，她们的解放是靠市场上的符号物体现的。随意女郎超越了性别规范，怀有一种挑衅的态度，肯定着反叛和享受的欲望。随意女郎体现了新的消费心态，而且她们所公开倡导的享乐主义，对旧规范的冷漠、挑衅和无视，都预示着将在1960年代蓬勃发展的"酷"文化，对此我们将在后面的章节介绍。

随意女郎作为社会变革的隐喻[24]，引起了不少恶评，反对者谴责她们导致了出生率下降、性别模糊、不育主义，甚至有让整个文明崩溃的风险。在1920年代的评论家眼中，随意女郎似乎是莫名其妙地突然出现，并在几年内迅速推翻了传统的理想女性形象。但事实上，随意女郎的着装风格是在1890年代到1920年代逐渐显现出来的，通过商品目录，我们可以看到世纪之交的女装是如何变得越来越轻盈的。到1910年代，随意女郎的风格代码已经为城市精英们所熟知了。从1920年代开始，随意女郎的风格逐渐变得大众化，这种形象开始在媒体上大量出现：从《时尚》的杂志封面到菲茨杰拉德的短篇小说，再到好莱坞的女演员们，如柯丽恩·摩尔（Colleen Moore）、克拉拉·鲍和琼·克劳馥等。

随意女郎展现了市场在女性身上的印记。女人摆脱了过去的束缚，脱下紧身胸衣和长裙，剪掉浓密的长发。身体的解放让女人可以更多地活动起来，轻装让她们可以像男人一样敢闯敢干，但这真的是审美进化的意义所在吗？我们可以对此抱有怀疑。移动性和实用性似乎并不是当时风格创新的主导因素，因为她们爱穿的高跟鞋走起路来十分辛苦；裙子虽然更短，但有时也很紧，限制了步伐；紧身胸衣虽然消失了，但取而代之的是腰带、紧身褡和胸罩，它们的目的是把胸部和臀部勒紧，显得更平。随意女郎的"解放"也并没有伴随着真正的政治进步。在法国，就在小说《假小子》（*La Garçonne*）出版的那天，参议院否决了女性的投票权。[25]随意女郎形象作为一种新的美丽理想，实际上也给女人带来了新的约束。为了美丽，女人必须精心打扮和化妆。要换新发型，就要购买各种护理产品，还要染发或烫发，这为一些沙龙和美容院带来了大笔财富[26]。为了迎合新的潮流，新兴化妆品行业推出了各类眼影、面霜、粉饼和口红让人们改变妆容。女人们描上眼线、涂上亮晶晶的指甲、画好眉毛、剃光腿毛、往脸上擦粉、再描画好嘴唇……化妆品改造了女人们的脸孔，迎合了现代化的美丽需求。除了新的身体束缚，还有新的身体纪律，例如控制饮食，这种做法还得到了医药、治疗和设备行业的支持。

琼·布鲁姆伯格（Joan Brumberg）在其著作《身体计划》(*The Body Project*)中分析了19世纪和20世纪美国少女日记的内容。她发现，一战前的维多利亚文化背景下的女孩们经常希望提升自己的内在，想拥有更好的个人品质，如毅力、无私和专注。而20世纪的年轻女孩们则在日记上表示，要更好地管理自己的外表，"一个年轻女孩1982年的新年计划是：'我会用我攒下的预算和看护小孩挣来的钱努力让自己变得更好。我已经有了新发型、新妆容、新衣服和新首饰了，但我还要减肥，还要买新眼镜。'"根据布鲁姆伯格的说法，第一次世界大战后，年轻女孩开始将自己的身份和价值与外表挂钩。"到了1920年代，身体就是时尚。"[27]在这种理念中，女性的身体原本是不完美的，需要靠努力改变来达到美丽的状态，这也是女性得以自我表达的主要形式，是其社会存在的最终保证。布鲁姆伯格将女性的身体定义为一个"消费项目"，且是一个不断进行着的项目，需要通过商品对其不断调整改进。要想得到现代、苗条、年轻、健美、惊艳的身材，就必须得借助市场提供的技术辅助。

因此，在消费心态出现的1890年至1930年，女性审美的变化不应被全然解释为一种解放，而应该被解释为一种更迭。"意识形态发生了'变异'，维多利亚时代的女性美感是与母性有关的，而现在人们的注意力从女性生殖的价值转移到了女性美丽的价值。20世纪现代女性的美丽在于她们通过各种香氛、美容、瘦身项目让自己变得年轻，她们先是热爱都市，然后又热爱乡村，她们沉浸在消费中。"[28] 新的理想女性形象融入了市场，为了美丽，女人要将正确的符号物组合起来，好装扮自己。她们得到的，与其说是自由，不如说是象征性的自由。正如克里斯蒂娜·巴德（Christine Bard）所写："现代女性消费者是在解放女性的伪装下诞生的。"[29]

媒体和市场的联盟就这样影响了人们的精神世界。通过与消费相关的形象，人们对支撑某种形象的典型产品产生有序联想，并将其与一种生活方式相关联，这种生活方式则代表了一种"正确"的态度，还引发人想象一种美好而兴奋的生活状态。因此，随意女郎可以被视为一种带有表演性质的象征。媒体对这种刻板观念不断重复，使得它所承载的消费心态变得合理而正常，从而达到推广的目的。现代女性是媒体的产物：她们得熟读商品目录、会逛百货商店、会看电影，才算是找到自我。因此，"做自己"对她们来说是一种质疑、一项事业，也是一种焦虑。

第六章

社会工程：
意识管理与商业秩序合法化

在短短的几十年里，全新的商业世界开始运作，而国际化、多部门的大型公司成为这个世界的统治者，它们控制了市场、引起社会动荡。这些大型公司在学会管理物流、品牌形象和员工的同时，还开发了意识管理的方式，并通过隐秘的宣传手段建立起它所依赖的经济秩序。要了解这种社会工程的渊源，我们要从19世纪欧洲的社会和政治历史开始回顾。

操纵人群，建立受众

19世纪在欧洲被称为"革命的世纪"。在法国，从第一共和国到1890年代的无政府主义期间，数次革命在1830、1848和1870年发起，制度的不稳定和意识形态的动荡尤其让富人感到焦虑。随着社会主义思想的巩固、工人示威罢工运动的增加，上层人群的恐惧心态在1880年代和1890年代非常显著，以至于对底层人民产生了噩梦般的想象。他们认为"暴力的民众聚集起来，大嚷大叫，喊着大革命的口号，预示着文明的毁灭"[1]。当时的出版物也充分表达了资产阶级的这种恐惧。在1878年出版的《现代法国的起源》中，伊波利特·泰纳（Hippolyte Taine）把革命的平民描写为"野蛮人、原始动物、猴子，他们嗜血而淫荡，以屠杀为乐"。比起害怕人群本身，他们更害怕人群的愤怒情绪。甚至连一些左派作家也会对"暴民"抱有成见，左拉的《萌芽》一书便描述了革命的人们"变得如此粗暴"，成为"最原始的人类，全靠本能，毫无理性"。然而，历史学家却观察到，那一时期的任何罢工活动都没有《萌芽》所描述的那么混乱和暴力。[2]

这种阶级恐惧在1890年代甚至催生了一门新学科，即人群心理学。这一套学科是基于法国学者泰纳的观点进行分析性重构后建立的，意大利的西皮奥·西盖勒（Scipio Sighele），法国的亨利·富尼亚尔（Henry Fournial）、加布里埃尔·塔尔德（Gabriel Tarde）和古斯塔夫·勒庞（Gustave Le Bon）都是该领域的学者，他们融合了心理、法律和医学的知识对其进行解读。人群心理学的目标是要破解人们思想互相传染的谜题、发现驱使人群聚在一起的动力。他们明白"一千个偶然聚集在公共场所的人，没有任何明确的目标，从心理学意义上来说，根本不能算是一个群体"。"在形成一个群体的人群中，并不存在构成因素的总和或它们的平均值。实际表现出来的，是由于出现了新特点而形成的一种组合，就像某些化学元素——如碱和酸——反应后形成一种新物质一样，它所具有的特性十分不同于使它得以形成的那些物质。"[3][a]要解开人群之谜，要了解为什么人们聚集在一起时会引起混乱，就必须通过科学研究发现根源、找到定律。可以说，这门新学科的产生和与此相关的学者们的出现，是19世纪后期精英们深切焦虑的体现。从他们的演说和文章中，我们时常会看到资产阶级的惶恐和畏惧，他们认为反抗的民众都不是正常人，是精神病、酒鬼、野兽、原始人、食人魔、疯女人。他们之所以会这样想象和描述，是因为他们担心人群会影响他们的秩序、会对他们的优势地位构成威胁。

在人群心理学者中，唯一比较成功的是古斯塔夫·勒庞，他受到西皮奥·西盖勒和加布里埃尔·塔尔德的启发，撰写了《乌合之众：大众心理研究》一书。古斯塔夫·勒庞是资产阶级反对民众抵抗的代表者，他在书中还引用了不少医学、犯罪学、颅骨学、心理学、道德和种族理论来佐证其观点。人群心理学对社会产生了相当大的影响，但我们之所以提到这本书，是因为它首次指出了人群既是一种危险，也是一种机会。

对于人群心理学家来说，人群固然凶猛，但从根本上来说是无力的。暴民注定是缺乏谋略和头脑、无法灵活行动的。古斯塔夫·勒庞这样写道："只要有一些生物聚集在一起，不管是动物还是人，都会本能地让自己处在一个头领的统治之下。……一群人就

---

[a] ［法］古斯塔夫·勒庞：《乌合之众：大众心理研究》，冯克利译，中央编译出版社，2011，第12、14页。

像温顺的羊群，没了头羊就会不知所措。"像艾蒂安·朗蒂耶[a]这样的鼓动者固然是危险的，然而当闹事人群的头目被除掉，危险也自然而然就消失了。"在一次巴黎公共马车雇员的罢工中，两个负责指挥的领袖一被抓起来，罢工便立刻结束。在群体的灵魂中占上风的，并不是对自由的要求，而是当奴才的欲望。他们是如此倾向于服从，因此不管谁自称是他们的主子，他们都会本能地表示臣服。"[4]古斯塔夫·勒庞认为，那些领导人群的革命者正是因为了解人群的特点，才掌控了人群，这样的知识一旦被整理为一门学科，便有助于社会的治理。"掌握了影响群众想象力的艺术，也就掌握了统治他们的艺术。"[5b]

正是因为这些见解，古斯塔夫·勒庞被视为"20世纪政治的预言者"和"大众社会的马基雅维利"[6]。独裁者就是靠这些理论和方法操纵人群、管理和控制人们的想法的。社会工程尽管旨在"根据理想社会来树立社会秩序"[7]，而它却能服务于纳粹。很多独裁者就是这样，声称自己是群众的主人，从而强加自己的意志给人民。纳粹德国就是以这样的方式运作的。奇妙的是，美国的市场民主和这一切也有相似之处，对此后文会展开来谈。

加布里埃尔·塔尔德的作品《舆论与群集》（*L'Opinionet la*

---

a 艾蒂安·朗蒂耶是左拉小说《萌芽》中的主人公，在书中，他积极组织和发动矿井工人的罢工斗争活动。
b ［法］古斯塔夫·勒庞:《乌合之众：大众心理研究》，冯克利译，中央编译出版社，2011，第51、96、99页。

foule）则表达了与古斯塔夫·勒庞相矛盾的想法。在他看来，即将到来的不是人群的时代，而是公众的时代。人群中的思想传播和动物之间的相似，它是有限的、局限的、转瞬即逝的。相反，公众是一个无限可扩展的概念，它指的是一个纯粹的精神集体，是"虽然没有聚在一起但精神相凝聚的集体"。公众的形成标志着精神自足的结束和想象社群的诞生，我们在第四章中对此已经有所描述了。"在印刷的蓬勃发展后，公众开始诞生。权力的传播已经不算什么了，思想的传播才更重要，因为思想就是最强大的社会权力。"

塔尔德与勒庞的理论矛盾实际上是一种肯定，塔尔德的理论推动了现代场景下对公众的控制，即社会工程的可行性。现代媒体的进步可以更方便、更高效，且随时随地完成对公众的管理。"出版商对公众施加的影响，可能不是立刻就能带来强烈的作用，但是随着连续不断的曝光，影响会不断增强，远比短暂的冲动要强大得多。在法国，即使在一些没有犹太人生活的地区，仍然会有反犹太主义盛行，这是因为当地人阅读了反犹太的报纸。如今，群众的信仰是被记者操纵的。"[8] 由此可见，媒体不仅可以引导人群，还可以建立受众，改变人们的心理定位。

勒庞和塔尔德开辟了现代化的意识管理体系，在这背后，我们发现了一套相同的理论，就是19世纪末人们十分热爱的催眠术[9]。当时很多人把人群的群体思维和外物影响公众想法的方式解读为催眠。勒庞就曾采用过这种说法："被催眠者的大脑活动被麻痹了，他变成了自己脊椎神经中受催眠师随意支配的一切无意识活动的奴隶……一切感情和思想都受着催眠师的左右。"[10][a]人群理论暗含着一种对权力的设想，要是催眠师让被催眠的人凭空产生并不实际存在的感觉，并操纵人们按照自己的意愿行事，而且对此毫无怀疑，还有什么能阻止他们呢？

在世纪之交，随着心理科学取得了长足的进步，与精神控制有关的设想变得更加可信。伊万·巴甫洛夫（Ivan Pavlov）对条件反射进行的实验证明，生物会在受到刺激的情况下自动产生某种反应。既然重复刺激在动物身上能引起生理反应，那么这对人类也一定有同样的"驱动"作用。当下的观点认为，无论是从精神分析的角度还是行为主义的角度，人都并不能意识到自己行为的根本原因。有些心理学家甚至表示能够掌控人们心理的隐藏变量、并操控人们的行为。行为主义心理学家约翰·华生（John Watson）曾表示："给我一打健康的婴儿，并在我自己设定的特殊环境中养育他们，那么我愿意担保，可以随便挑选其中一个婴儿，把他训练成为我所选定的任何一种专家——医生、律师、艺术家、商人，或者乞丐、窃贼，而不管他的才能、嗜好、倾向、能力、天资和他祖先的种族。"[11][b]

---

a ［法］古斯塔夫·勒庞:《乌合之众：大众心理研究》，冯克利译，中央编译出版社，2011，第17页。
b ［美］约翰·华生:《行为主义》，李维译，北京大学出版社，2012，第83—84页。

用公关来讲故事

事实证明，人群理论学者的观点也对新兴市场上的政治斗争起到了很大作用。20世纪初，几十年前刚诞生的大型公司引起了公众的不满，激起了愤怒的浪潮。虽然市场的出现让一群小商人和工匠如商贩、杂货商、理发师、铁匠尝到了甜头，但他们很快就感受到了市场上新巨头的压力。在人类社会，创造和破坏往往是共生的，随着新的市场参与者和新机构的不断涌现、不断强大，旧的市场参与者和机构则逐渐衰落并消失。零售业威胁着市集和摊贩，百货商店则威胁着零售业，而大型综合连锁店又有压过百货商店的势头。商业市场上的变化万千让人们很难跟上节奏，于是很多人都在担心大型公司的霸权，因为它们似乎总能免于市场冲击的影响。

1900年左右，许多行业都处在几家大公司垄断的环境下，市场秩序的不稳定引发了一场重大的政治动荡。在这种情况下，市场不再是亚当·斯密所说的那样，由多个小参与者的行动合成整体，而是被大型跨行业公司操纵，它们控制着整个价值链，全球的商品流动也都由它们来协调。借用小艾尔弗雷德·钱德勒（Alfred Chandler）的名言：市场管理者的有形之手取代了市场的无形之手。[12]因此，垄断公司的权力变得极大，在许多人看来，他们所掌控的这种权力既危险又错误。于是，对资本主义的批评愈演愈烈。

对大公司的不信任在1900年代的美国尤为明显，《麦克卢尔》等都发表过对大公司经营方式的报道，控诉这些公司使用童工、内部人员腐败、健康和安全规范不完善、工作条件恶劣和危险以及工人的工资低。这些报道主要针对的是银行业和实业界的名人：约翰·皮尔庞特·摩根（J. P. Morgan）、约翰·戴维森·洛克菲勒（John D. Rockefeller）、科尼利尔斯·范德比尔特（Cornelius Vanderbilt）和安德鲁·卡耐基（Andrew Carnegie）。在媒体笔下，这些"强盗大亨"是邪恶和贪婪的象征，他们的出现预示着即将到来的新经济时代，也就是资本主义巩固的时代，人们担心这些庞大的公司一旦统治了银行、铁路、石油和矿山，就会让市场竞争不复存在，工人再也无法通过罢工斗争和工会活动争夺自己的权利。

调查记者在1900年代被称为"扒粪者"（muckraker），即揭开黑幕的人，他们对公众的影响力相当大，他们的调查揭开了自由市场理想、美国理想和秩序的遮羞布。如果美国市场上50%的产品都是由1%的公司生产的，如果石油公司控制了全部的油井，人们还能相信自由市场吗？市场还会是民主的吗？白手起家的企业家还有机会成功吗？他们的文章呼吁制定广泛的监管政策，并为加布里埃尔·塔尔德所描述的权力机制赋予了具体形式：他们利用新生的媒体力量来构建他们的政治论调，并用他们的观点引导公众舆论。

在很长一段时间，这些大公司的老板都不对这些攻击做出任何反应。毕竟，支付低工资、降低成本、控制工厂的生产，这些都是企业家的自由，也并不违法。J. P. 摩根曾经直言不讳地说："我不欠公众什么。"[13]但是，一而再，再而三的攻击使得大老板们无法再继续保持这种不屑一顾的态度。在1900年代的政治背景下，人们对大企业怀有敌意，而且当时政府已经开始改革[a]，要是舆论再对此加以推动，很有可能会推翻资本主义此前的一切努力。美国精英们本来就对"暴民"造成的混乱心怀恐惧，再加上政府的管控，他们就更加害怕了。西奥多·罗斯福在1909年就曾发出这样的警告："要是不改变的话，凶残的赎罪日迟早会到来。"[14]对于大公司来说，在这种情况下，为了对抗"扒粪者"的攻击，就必须要掌握舆论，必须"以子之矛，攻子之盾"。

于是，专业的公关人员便在这样的背景下出现了。作为宣传专家，他们知道如何"奉承和讨好"公众舆论。他们的工作就是维护好公司和公众的关系、缓解紧张的社会舆论，当然，这一切都是通过媒体完成的。1900年代至1910年代，公关行业的领军人物是艾维·李（Ivy Lee），他因为在勒德洛大屠杀案中为约翰·戴维森·洛克菲勒辩护而一战成名。1914年，科罗拉多州国民警卫队在科罗拉多燃料与铁矿公司的要求下阻挡罢工的矿工及其家人，并在他们的根据地纵火，造成大约10名妇女和儿童死亡。[15] 随之而来的丑闻波及了科罗拉多燃料与铁矿公司股东约翰·戴维森·洛克菲勒，于是他找到了艾维·李，希望控制舆情。通过分发小册子，艾维·李指出了勒德洛矿工罢工对工业自由产生的危害，并将工会的活动说成是一种威胁行为。由于媒体对勒德洛大屠杀及其后果报以很大关注，艾维·李当时所做的工作也引起了

---

a 时任美国总统是西奥多·罗斯福，他的经济主张是反垄断。

注意，并被认为是现代公关的诞生。然而，实际上，早在十年前，艾维·李已经为约翰·皮尔庞特·摩根和宾夕法尼亚铁路等许多客户工作了。在19世纪中叶，公关对于大型铁路公司来说很常见，它们当时就已经在报刊上散布很多软广告，并给媒体投了不少钱来防止负面评论的刊登。[16]

公关的作用对于大型企业来说越来越重要，公共关系的运用也与企业的需求有了完美的契合。对一些大公司来说，向公众传达话语就和向供应商下订单一样，得通过其内部复杂的官僚机构和层层授权，把任务以合理又专业的方式传递下去。大公司和群众之间的距离难以跨越，因此他们需要懂得驾驭文字和图像的专业人士来帮助他们维护和群众的关系。因此，传播业与资本主义现代性是同质的。为了应对"扒粪者"，大公司需要牢牢挡在民众和市场之间，让自己成为无法逾越的边界，他们迫切需要重新控制舆论并为这一切找到理由。因此在1900至1910年，公关工作迅速发展起来。我们可以通过当时美国电话电报公司（AT&T）的公关活动这一教科书般的案例，了解那时的公关策略和方法。

1894年，AT&T垄断电话网络运营的专利到期，面临市场竞争。一开始，为了保持其主导地位，它用打官司、资本联盟和价格战等手段来限制竞争对手，从而锁定市场。然而这些手段不仅成效颇微，还搞臭了它的形象，让AT&T变得越来越不受欢迎。在1900年代和1910年代，AT&T的高管们担心政府会因为恶劣舆论而进行干预，甚至因此直接把电信业务国有化。为了防范这种政治风险，

AT&T开始大规模投放广告，旨在重塑公司形象、平息舆论。他们在广告传播中用"贝尔公司"（entreprises Bell）替换了"贝尔系统"（système Bell）这一表述，让AT&T看起来像是一个由小公司组成的自由联盟组织而不是托拉斯。AT&T还在广告中试图将垄断合理化，声称电话服务基于大规模的互联，只有"自然垄断"才能确保最佳服务。除了使用看似理性的说教方式外，1910年代，AT&T还大量运用了"拐弯抹角"的艺术，比起就政治经济问题教育公众，公司的管理者们试图通过热情和积极的想象力来改变企业形象。他们更多地使用图像，更少地使用文本。此外，为了打破其冷酷怪物的形象，AT&T还在广告中展示了他们的雇员、电工和操作员，他们作为"公共服务"的英雄化身，显得愉快而热情。而且，AT&T的广告将电话吹捧为传统社群的修复者、重建美国社交网络的工具。为了稳固这种使人"开化"的整合形象，AT&T还表达了支持商业民主的理念。在1919年的一则名为"我们的股东"的广告中，AT&T描绘了一位两个孩子的年轻母亲收到股息支票的场景。在这则广告中，公司不再是"窃贼"，也不是富豪精英，公司与普通大众在一起，公司的利益与无数普通的小股东们的利益息息相关。在这种论调下，AT&T不再是资本主义和官僚主义的怪物，而是谦虚又乐于合作的百姓好朋友。

AT&T几十年来为改善公众形象所做的一系列工作成为公关实践的优秀案例，该企业成功地将经济资本转化为政治意见（doxa）。通过不断持续的公关，AT&T让它的形象在人们心目中像邻家友人一般可爱，让它所提供的服务成为大众民主的一部分。就像该公司广告部门经理詹姆斯·T. 埃尔斯沃思（James T. Ellsworth）曾说的："不断传达信息，直到产生累积效应。"[17]事实上，人们最初谴责的AT&T垄断问题仍然存在，但大众的注意力逐渐被侵蚀和转移了。以AT&T为首的大公司，其公关的一个理念就是，并不直接反驳攻击言论，而是给大众更有意思的想法，讲述另外的故事，使他们的存在和行为显得合理。这项口碑工程不仅需要投入大量资金，还需要社会工程的专业人员和专家参与，经过很长时间才能建立和保持。由于需要投入的资本太多，这种工程只有大公司和政府层面的机构才能负担得起。

公共关系在1900年至1910年得以加速发展，这既是为了应对"扒粪者"，也是因为第一次世界大战。在一战期间，各国都投入了大量资金用于宣传。要想发动战争，就需要得到民众的赞同和支持，还要鼓励人们积极参军参战。为了在四年内派数百万人上前线，参战国就要保持人民信念坚定，要让人民相信战争是有必要的，相信本国是优越的，相信敌人是野蛮的。因此，一战时期各国非常注重掌控舆论。

在同盟国中，英国的宣传工作做得最好。他们首先为战争找到了原因：战争的根源是普鲁士军国主义，即德意志文化与生俱来的好战和扩张主义特征。德国这个侵略者导致欧洲其他地区陷入灾难。在这样的描述中，受害者的角色由中立性受到侵犯的"小比利时"扮演。在那一时期的英国媒体上，到处都有文章控诉恶魔般的

"德国佬"是如何袭击可怜的比利时，造成了多么严重的破坏。很多文章报道了德国士兵如何强奸修女，斩断婴儿的手臂，切掉少女的乳房，把其他国家的士兵和平民斩首、刺死或钉死[18]。

在这种战争想象中，德国士兵被描写成野兽、嗜血狂暴的动物。在宣传海报上，德国人经常以狂暴食人魔的形象出现，而当可怜的比利时受到嗜血的德国怪物骚扰时，文明和进步的先驱勇敢地介入其中——那就是高贵的法国人和骄傲的英国骑士，他们为弱者提供救援和庇护。为了在人们心中强化刻板印象，并让故事更真实，英国政府还找了很多著名作家来参与这项任务，其中包括柯南·道尔、鲁德亚德·吉卜林和赫伯特·乔治·威尔斯，他们都是自愿参加这项心理建设工作的。这些作家创作了不少宣传文学，他们的作品宏伟、有说服力，但也包含不少谎言。彭松比（Arthur Ponsonby）说："任何可以推动士兵战斗的事情都是合法的。这些文章的目的是激起愤慨，感染青年人，让他们敢于牺牲。"[19]随着战争的进行，呼吁入伍的海报变得越来越咄咄逼人，它们暗示着不入伍的人是懦弱的。当时一张著名的海报上，一位父亲坐在扶手椅上，而他的女儿问他："爸爸，你在大战期间做了什么？"1915年5月，当德国潜艇用鱼雷击中一艘载有数千箱炮弹和弹药的英国跨大西洋班轮"卢西塔尼亚号"（*Lusitania*）时，英国的宣传却刻意隐瞒了这艘船上有秘密货物的事情，只顾着谴责德国人对一千名无辜乘客无情屠杀，这其中还包括一百名美国人。

因此，当1917年美国总统伍德罗·威尔逊（Woodrow Wilson）

对德宣战时，很多美国人民早已被英国的宣传打动、认可战争了，尽管如此，在美国，这项宣传工作仍然需要继续进行下去。因为即使当时美国人大多支持同盟国的行动，但很多人也并不想掺和欧洲的"麻烦事"，并希望伍德罗·威尔逊坚持不干涉主义。为了"向美国人推销战争"，1917年威尔逊总统创建了公共信息委员会（CPI），并将其委托给乔治·克里尔（George Creel）领导。后者将CPI描述为"既是一个庞大的企业，也是世界上最伟大的广告冒险"[20]。克里尔和其团队学习了英国的模式，认为要想诱导思想、控制感知，要做的是给民众泛滥的信息，而不是控制和审查信息。用单一的媒体渠道强加宣传的方法是错误的，这样会引起民众的怀疑和不信任，也让反对派有机可乘。相反，应该保持媒体的多元化和信息的多样性。他们给各种媒体提供信息，有时有意通过明显中立的媒体来传递信息。这样做的目的是以诱导而不是控制和禁止的方式制造言论自由的假象。CPI的目的不是防止不利信息的传播，而是要让不利信息被持续不断的"积极"信息淹没，所以要持续散播高密度的重复信息，让国家想要传播的资讯无处不在。同时，CPI还向报纸和杂志发出指示，要求他们"自愿"关注战争信息。反对者并未受到直接压制和打击，只是他们的言论和信息被淹没了，以至于无法出现在新闻频道上。[21]

基本上，CPI的宣传没有什么原创性，克里尔的团队很多时候都在仿写英国人的文案，这种方式简单易行又有效率。[22]美国对现代宣传的贡献更多体现在把CPI按照类似公司的结构建立，CPI的各个部门得以照顾到所有舆论的支流，无论是报纸和杂志，还是广告和电影，甚至是会议和发布会。[23]

CPI一项最杰出的创举就是"四分钟志愿者"（four-minute men）的设立。[24]在全国范围内，CPI招募了数以万计的志愿演讲者，他们在电影院、舞厅和公众集会上传播爱国良言，尤其是在他们的演说中指控德国犯下的暴行。这些"四分钟志愿者"是从各地最有影响力的一些人中选拔出来的，如今我们叫他们"意见领袖"。政府通过他们来表达自己想传播的言论，这种方式消除了生硬的宣传感，并给人以真实和亲近的印象。为了让人相信、为了把观点强加于人，政府就要像大企业打广告一样，需要为他们想宣传的事情赋予实质内容，并加以吹嘘。为此，它要抓住民众的信任所在，也就是国家象征和意见领袖。因此，无论是企业还是政府，都开始学着通过委托代理来进行宣传活动，让他们想传达的信息无所不在。于是，公共空间被各式各样的海报、影片和演讲宣传占据着，人们在毫无防备的情况下，极容易被"感染"。

和平时期的公关宣传

同盟国在战争期间进行的大规模舆论宣传活动证明了社会工程的有效性。战后，这一套机制也为大公司所用。1920年代和1930年代为大型综合公司担当顾问的很多著名公关专家，如爱德华·伯内斯（Edward Bernays）、艾维·李、卡尔·拜奥尔（Carl

Byoir)等，他们在此之前都曾为CPI服务。他们把曾用于国家宣传的一套理论应用到市场上，这意味着神兵利器从此转移到了大公司手里。

在1920年代，美国记者沃尔特·李普曼（Walter Lippmann）和美国公共关系顾问爱德华·伯内斯都发表了不少关于社会工程学效用的开创性著作。他们的这些作品横跨十年，讨论了很多关于大规模操纵技术使用的方式。[25]对李普曼和伯内斯来说，民主理想是无法实现的，因为在理想的民主社会中，公民不仅要对公共事务有兴趣，还要有足够的了解。李普曼这样讽刺道："要成为一名好公民，你必须有百科全书般的知识和无限的时间……无论是美国总统还是政治学教授，都不可能具备这种全能公民的本领。"[26]事实上，世界变化太快，即使是对公共事务感兴趣的人，也无法掌握层出不穷的新知识。李普曼认为："民主党人所持的观点，即众多无知的个人加在一起就能形成指导公共事务的力量，是不可能的。"在现代民主国家，公共事务实际上是由政治家、官僚和其他有影响力的人管理的。普通民众的政治参与度极为有限，顶多是一些选举和投票活动。在李普曼的论点里我们也发现了对群众力量的魔化，他认为"要是让民众的舆论行使权力，就会带来灾难或暴政。因为民众的观点不够理智，也缺乏判断力……因此我们必须让民众待在他们该在的位置上，一方面使其能够行使应有的权力，更重要的是不要让他们肆意妄为"。

这两位美国学者的理论和欧洲人群心理学者的观点有相似之

处,这是因为一些该领域的欧洲著作在那时已经传播到美国,甚至被一些畅销书所引用,例如格雷厄姆·沃拉斯(Graham Wallas)1908年出版的《政治中的人性》(*Human Nature in Politics*)和威尔弗雷德·特罗特(Wilfred Trotter)1916年出版的《和平与战争中民众的本能》(*Instincts of the Herd in Peace and War*)。这种论调的出现标志着启蒙运动理想和理性主义范式的终结,那些关于民主的论点被取而代之了。在这些观点中,群众是可以被无意识的、本能的冲动所支配的,因此如果能学会操纵人们的本能,也就可以操纵民众了。沃尔特·李普曼将古斯塔夫·勒庞的观点再次重申:为了在不知不觉的情况下把观点强加于人,就要向公众提出解决方案,并通过传播恰当的信息,来"指导那些不谙世事的人"。沃尔特·李普曼通过实践论证了古斯塔夫·勒庞提出的方法,爱德华·伯内斯则撰写了论述来总结。

在伯内斯的书中,宣传被描述为"隐蔽统治发挥效能的武器",智慧的少数统治精英"能够看透大众的思想活动和社交模式",并以此控制公众的思想,以"谋划着新的发展路径,并整合和引导着整个世界"。[27] 伯内斯把公共关系专家这门新职业称为文字游戏和群众引导的专家。在伯内斯看来,在现代社会无论想做什么都需要公众的赞同,因此每个企业都得花钱搞社会工程,这就像是投保险一样,而公关专家会通过种种改变民众想法和打造形象的手段来为这些客户服务。民众之所以可以被摆布,是因为人们在生活中随时会不知不觉地产生先入为主的想法,并寻求心理捷径。"从理论上看，每个人都可以购买市场中最为物美价廉的商品。而实际上，如果每个人都货比三家——考量所有香皂、布料或面包的价格，并在购买前一一试用，经济生活将呈现出令人绝望的壅塞。为了避免如是困局，社会各方同意让观点和商品通过各种宣传进入公众的视线，从而缩小我们的选择范围。于是便有大量且持续的努力在试图捕获我们对于某种政策、商品或观点的偏好。"

公关人员的首要工作是确定"社会内部形成的集体结构"，他们研究公众心理，包括进行心理测试、调查确定人口的组成部分。他们就像民俗学家一样展开观察、获取知识、积累素材。有了这些前期准备，他们才能知道哪种论调最有可能吸引其客户针对的群体。他们就像公司寻找投资机会一样去寻找和发现漏洞，还要和客户一起调整适应人群和环境的宣传方式，"或者让公众确信自己的恐惧和偏见是不合理的；或者在某些时候，通过对客户行为的必要改变来消除公众的抱怨"。公关人员是在大家的观念里工作，为了在人们心中改变某个对象的含义，他们需要将特定事物与选定的价值观、人和事件结合起来。他们需要利用公众的"无意识效忠"[28]，逐渐获得公众的赞同。因此，公关人员必须善于建设形象、制造联想。伯内斯将公共关系活动定义为：使用一系列人为制造的某种情景，来到达预期效果。[29a]最明显的一个制造联想的方法就是名人背

---

a ［美］爱德华·L. 伯内斯：《宣传》，胡百精、董晨宇译，中国传媒大学出版社，2014，第36—37、47、90页。

书代言，即付钱给知名人士，把名人形象与某个品牌形象联系起来，从而将该公司所体现的思想和价值观依靠名人传递给大众。这种联想工作必须易于理解，要用到图像、符号、刻板印象、图表、故事，还需要把这些不断进行重复。"抽象的讨论和繁复的事实乃是公共关系顾问运用理论或进行分析的基础。这些事实唯有删繁就简、生动如戏，方可传达给公众，而单纯依靠缜密的思考和隐忍的情感无以触动大众。"[30][a]

在1930年代，美国大型公司完美地运用了这些规律，并斥资于各种广告活动。比如，通用汽车为了摆脱冷酷的大公司形象，在广告里讲了一个乡村医生的故事，这个医生开着通用汽车赶去救治一个病重的孩子。通过这种类型的品牌宣传活动，大公司隐藏了他们的掠夺者形象，换上一副慈善机构般的面孔。福特当时设计了一系列口号颇能说明问题："为美国人民服务""本公司旨在提供服务""一切为了服务"。[31]这种论调下的大企业不再是破坏市场的怪物，而是能够为公民提供服务的良性组织。这种例子还有很多。然而，在公关问题上真正强大的攻势并不是单个大公司以自己名义进行的宣传，而是同一行业内各大公司的联合行动。比如，全国制造商协会（NAM）就主导了美国历史上最大的私人宣传活动之一。

随着1929年的经济崩溃和经济危机的爆发，人们对大公司的

---

a ［美］爱德华·L. 伯内斯：《舆论的结晶》，胡百精、董晨宇译，中国传媒大学出版社，2014，第151页。

负面意见越来越多。富兰克林·德拉诺·罗斯福（Franklin Delano Roosevelt）在1932年和1936年两次当选美国总统，这也表明选民支持他的干预政策[a]。美国很多州都出台了法律来规范银行市场和保护工人：禁止雇佣童工、设立最低工资、限制工作时间、捍卫工会权利。[32]在这些措施下，一个由各大工业公司组成的"全国制造商协会"成立了。该协会强烈反对工会和社会主义思想，意图发起活动来赢回公众舆论，试图"向美国人民推销美国生活方式（American way of life）"[33]。在NAM发起的宣传中，政府干预主义和工会主义就是暴政。NAM希望"在公众心目中，将企业自由与言论自由、新闻自由和宗教自由联系起来，它们都是民主的一部分"[34]。他们试图告诉大众，伟大的工业家才是国家的真正领袖，因为是他们为美国人民提供了高水平的生活条件。NAM所做的，并不是简单地宣扬自由放任、呼吁回归自由主义，而是用另一种方式来对抗新政，那就是强调工业的进步和公共利益的重要性。

于是，NAM在各种领域投入巨资搞宣传，无论是在广播、青少年漫画、公司杂志，还是在大型品牌活动上，都有各大公司的宣传，它们还招募了不少"四分钟志愿者"，并在新闻媒体中广为发布有利于行业的讯息。NAM的宣传原则是简单、避免使用复杂的展现方式和负面的表达，还要强调人民的利益。在他们的广告里，工业被吹捧为进步和幸福的源泉，为美国家庭提供了丰富的机会和

---

[a] 罗斯福的经济政策旨在加强对工业的计划指导，通过工业复兴法防止盲目竞争。

全世界最高的生活水平。NAM直到战后还一直活跃着,1947年该组织还斥资1亿美元发起品牌宣传活动,活动的大部分资金来源于通用电气、通用汽车、IBM、共和钢铁(Republic Steel)和宝洁公司的资助。在几年内,他们在媒体上发布了700万条广告信息和25亿次广播信息。[35] NAM的努力自然也带来了显著的效果,例如,在1946年成功摧毁了联邦物价管理局(OPA)的声誉,导致该机构解散。[36]

我们看到,20世纪大型公司的联合在某种程度上验证了古斯塔夫·勒庞的理论。他们利用大众媒体的泛滥,把自己的策略输入民众的内心,并成功地在"全民非自愿实验"[37]中确立了自己的地位。这一切都证明了,要将一个想法强加于人们的头脑中,并不一定要让人们理解和掌握它,而是只需要充分地重复信息,使其融入人们周遭的环境,便能实现扎根的目的。由于大公司拥有庞大的金融资本,可以将其转化为象征性资本,也就是斥资进行民众的意识形态建设。当然,我们在后文也会讲到,这种权力其实并不是无限度的。但无论如何,大公司展开的宣传所产生的效力毋庸置疑。如今,大公司的形象在人们心里不再是可耻狡诈的,而是人们生活中不可或缺的,是与经济发展密不可分的。

第七章

符号工程:
广告的力量与弱点

消费文化的建立有赖于图像的广泛传播和现代商业的发展。大众媒体的普及让拥有巨大资本的商家受益匪浅，他们投入大量资金开展多种宣传推广活动，吸引更广泛的消费群体。那么，消费主义的宣传在我们身边到底有多么普及呢？

大规模催眠的幻想

如上一章介绍的，在现代，人群变成了公众，媒体拥有了动员民众的能力，无论是国家机构还是商业品牌都展开了大规模的宣传活动。这些宣传活动既能影响民众的政治观点，也能影响公众的生活品味和消费习惯。困扰许多经济学家的生产过剩危机，就这样找到了解决办法。爱德华·伯内斯称："而今天，供给则必须积极制造相应的需求……它必须通过广告和宣传，与大量公众保持长期接触，以确保自己的产品可以获得持续性需求。只有抓住这种需求，运营成本高昂的工厂才有利可图。"[1][a]因此，很多公司斥资进行需求侧营销，它们会去了解公众的结构、偏见和品味，如果发现公众的想法与消费不适配，就要去改变这些想法。有不少像爱德华·伯内斯这样的顾问为他们提供服务。

卖家的野心看似异想天开，但心理学研究却为其提供了可能，很多学者试图将新科学的发现应用于销售和广告。[2]受行为主义和精神分析的启发，商家们希望能找到人们无意识状态下做出选择的秘密，也就是人类认知的隐藏源泉。这种心理学旨在发现消费者行为的科学规律，让商家真正控制消费者。很多广告商都急于寻找能够驾驭公众情绪和冲动的方法，而人群心理学中的催眠设想就显得十分诱人。当时，许多人对这些操纵消费者的设想持怀疑态度，例如纽约的哥伦比亚大学教授哈里·霍林沃思（Harry Hollingworth）就说："即使在催眠状态下，也很难让受控者改变生活方式、道德和宗教信仰。因此，很难仅凭广告里的简单建议和说法就改变人们长期形成的习惯。"[3]但当时的广告顾问们却坚称这种"催眠"是有可能的。接下来，我们将介绍来自爱德华·伯内斯和恩斯特·迪希特（Ernst Dichter）的最具有代表性的两个案例。

爱德华·伯内斯最负盛名的案例是让女性吸烟。我们在上一章也提到过，他被称为第一位公共关系理论家。在伯内斯担任公

---

a ［美］爱德华·L. 伯内斯：《宣传》，胡百精、董晨宇译，中国传媒大学出版社，2014，第80页。

关顾问的职业生涯中，他曾为美国烟草公司的负责人乔治·华盛顿·希尔（George Washington Hill）服务，以宣传卷烟的正面形象。当时，在保守派、各种宗教组织和政治团体眼中，烟草和酒精一样，是不道德、懒惰和罪恶的体现，尤其是有悖于良好的女性道德。某些地方如大学、餐馆、车站甚至会专门禁止女性吸烟。然而爱德华·伯内斯在这种情况下进行的一系列宣传操作，则让他一战成名。

据说，1929年，希尔联系伯内斯，希望他能一劳永逸地结束女性吸烟的禁忌。他对伯内斯说："现在已经有女人在家吸烟了。但是既然她们有很多时间都在外面，我们要是能让女人在外面抽烟，就能更加拉动女性市场了！做点什么吧！"伯内斯随后咨询了奥地利精神分析师亚伯拉罕·阿登·布里尔（Abraham Arden Brill），布里尔表示："有些女性将香烟视为自由的象征。吸烟就像是升华版的口交，含在嘴里的香烟会刺激口腔，因此女人是会有想要吸烟的欲望的。最初那些吸烟的女性可能是为了追求吸烟这项男性行为所带来的男性特征。但是如今，女性的解放反而遏制了许多女性欲望。现在，许多女性从事着与男性相同的工作，许多女人不生小孩，就算生了小孩成为母亲的女人也不再全身心投入家庭。女性的特征变得模糊了。曾经专属于男人的香烟，现在成了自由的火炬。"受此分析启发，伯内斯在纽约一年一度的复活节假期游行期间组织了一场"伪活动"。他邀请了十几位女权主义者一边抽着香烟一边参加游行，并把香烟称为"自由的火炬"。第二天，这个女权主义事件便出现在媒体上并引起很大的反响。对此，伯内斯总结道："媒体上刊登的戏剧性新闻可以打破旧习俗，不过禁忌并没有完全破除，这只是一个开始。"

这个故事在今天说起来似乎既简单又有趣，就像电影情节一样：一位爱开玩笑的企业家委托伯内斯办事，而伯内斯则咨询了一位了解集体无意识奥秘的"圣贤"，并制定了一个恰巧非常出色的计划。仅凭一场这样的活动，引发了媒体地震和天翻地覆的改革，消费行为也随之发生了极大变化。伯内斯用一个点子改变了香烟的象征意义和用途。这个案例被无数书籍和纪录片引用，但其实，讽刺的是，这个故事其实来源于爱德华·伯内斯的自传，也就是说，这些对爱德华·伯内斯的赞美都是出自他自己口中。[4]

实际上，历史学家指出，香烟消费的故事并不像传说中的那么浪漫。从1910年代开始，香烟的消费就变得司空见惯了，销量一直大幅增加，其中女性顾客也有不少。女权主义者早在爱德华·伯内斯的营销事件之前，就早已把香烟作为解放女性和反对旧时代女性标准的象征了。正如我们在第五章中看到的那样，随意女郎早就驾驭着香烟、酒、化妆品、运动服和脏话这些元素了。事实上，伯内斯的这次行动只是香烟文化斗争过程中的一部分，而这场轰轰烈烈的香烟之战早在他被美国烟草公司聘用的十年前就在美国开始了。很多人提到1930年代之前的广告里没有女性吸烟者的影子，但那与其说是禁忌的结果，不如说是因为害怕激起保守组织的愤怒。1910年至1920年美国女性对香烟的消费并不能仅用巧妙的社会营销工程来解释，它是由一系列经济和社会因素引起的，比如女性得以步入从前只对男性开放的领域、她们的工资收入和购买力提高、战争促使尝试吸烟的可能性增加、所谓"轻型"香烟和"软"香烟的引入以及维多利亚时代资产阶级道德的衰落和消费者心态的兴起等。[5]

现在让我们转向另一位营销大师恩斯特·迪希特的传奇故事。随着1957年万斯·帕卡德（Vance Packard）著作《秘密说服》（*La Persuasion clandestine*）的出版，恩斯特·迪希特的故事被宣传开来，并为公众所知。作者在这本畅销书中称广告就是一套操纵公众的庞大体系，并在书中介绍了许多专门为公司提供潜意识科学支持的顾问心理学家。在作者的描述中，恩斯特·迪希特是这些"潜意识专家"（Depth Boys）中最危险的一个。据说，恩斯特·迪希特"精力极其旺盛"，他住在哈德逊河谷的一座巨大豪宅中，在那里做着各种社会实验。迪希特愤世嫉俗且曾傲慢地断言："成功的广告公司可以操纵人类的动机和欲望，甚至让公众对那些他们不了解，也不想买的商品产生欲望。"在帕卡德的笔下，迪希特博士就像是"乔治·奥威尔的噩梦世界"[6]中的大反派，是为大企业服务的"灰衣主教"、商人的"肠卜僧"。帕卡德对恩斯特·迪希特的描述中更多地带着敬畏，很少质疑迪希特讲述的准确性。正如今天的历史学家所知，迪希特实际上非常会自我推销："他推销自己的能力非同寻常。他会去主动结识记者，与他们建立互惠互利的关系，为他们提供引人入胜的文章主题，而这一切都为他招揽来更多客户。"[7]帕卡德的畅销书就成功地让迪希特扩大了其在美洲和欧洲的客户网络，并在世界各地开设公司。

迪希特的"神力"其实早已受到不少质疑，他的理论总是建立在许多古怪和伪科学的主张之上。迪希特经常把精神分析和符号学混合在一起，而且喜欢用神奇的性解释一切：吸烟就像口交，能带给人快感；芦笋长得像阴茎，因此具有性意义；对女性来说，烹饪就是一种生育仪式；木头具有感官美感，树木的纹理会唤起兴奋并吸引爱抚……[8]许多研究人员都谴责迪希特的说法缺乏严肃性，批评他从极少的样本中推断结果，不符合可重复性科学标准。甚至有人说他是个只会讲故事的骗子。恩斯特·迪希特声称自己是动机研究的开创者，但他其实只是众多研究者中的一员，既不是最早的，也不是最活跃的。[9]迪希特的阐释也并没有对该领域研究做出贡献，他所说的通常都是基于社会学和心理学已知的定性方法。

尽管爱德华·伯内斯和恩斯特·迪希特被看作营销操纵的大师、无意识领域的魔鬼、大企业的"灰衣主教"，但他们实际上最擅长的是自我推销。他们宣传着自己的一套故事，让人们相信他们的神奇力量，让自己的名字成为赚钱的金字招牌。自1960年代以来，记者和评论家一直在宣传他们的邪恶传说，甚至害怕他们的力量，从来不会质疑他们方法的有效性和他们理论的合理性。他们的神话被人相信，也是因为这种言论与人们对广告的看法相契合。人们觉得广告拥有通过操纵情绪和符号来创造需求和欲望的能力。有一种观点把广告比喻成"皮下注射器"，仿佛可以通过给人们接种某些信息来改变集体思维方式，因此商业顾问和广告商成了负责传递信息的中介，其宗旨就是要让群众适应市场。

在这种观念中，广告的力量仿佛至高无上。然而实际上，广告只是影响销售及消费者行为的诸多因素之一。造成一件产品畅销的因素其实有很多，但人们大多认为是因为广告，这是因为其他因素较少被看到。其实，除了广告以外，公司与分销商的权力平衡可以决定产品在货架上的位置，销售人员做出的努力也极为重要和有效，再加上促销技巧、销售计划、产品创新、定价策略、包装等，多方面因素结合在一起，才能打造出一款畅销产品。此外，广告的效果会受到各种条件制约，并没有传说的那样神乎其神。首先，消费者的习惯和深深植根于他们文化中的想法是难以改变的，舒德森（Michael Schudson）在其书中讽刺地说："电视广告可能制造这样一个印象：谁买了×牌就会成为朋友和邻居羡慕的对象，但是这一印象在随时可以听到的朋友和邻居的直接意见面前显得苍白无力。"[10][a]产品的销售是受社会和人口因素影响的，经营婴儿食品的新公司是很难进入一个人口结构崩溃的国家的，因为那里的市场早已饱和。正如伯内斯本人在他的书中最常被引用的段落中承认的那样，广告商或公关代理的行为在很大程度上受限于各种竞争性因素，"公共关系顾问在提出任何改变公共事务的步骤之前，务必考

---

a ［美］米切尔·舒德森：《广告，艰难的说服》，陈安全译，华夏出版社，2003，第53页。

虑公众的先验之见及其业已确立的信念"。[11][a]对于消费者直接可获得的消费品而言，广告的影响就更加不稳定了。一名美国公民可能会相信国家对于俄罗斯的描述和宣传，因为他永远也不会真正接触到俄罗斯，俄罗斯对他来说是一个遥远而抽象的存在，可以受媒体图像摆布。但日常触手可及的番茄酱就不一样了，人们随时可以在商店买到、随时可以尝试，因此就不会随便听信广告对于它的宣传了。

广告或联想的艺术

伯内斯和迪希特那些被人传颂的故事基于人们对广告的误解，即广告本身就能够影响消费者行为。但无论如何，至少这些故事揭示了广告活动的定义：象征性联想的实践。广告让商品得以象征个性、价值、属性、品质、社会地位等，广告可以告诉观众一件商品象征着什么，或者更确切地说，是商家希望这件商品能象征着什么。这种为商品增值的过程就是一种转移行为的过程，即把一些已经与特定人物、刻板印象和情境相关联的含义转移到商品上，也就是代言。例如，请电影明星为香水品牌拍广告，就是这种转移行为的运用。在现代商业中，由于产品的销售环节与生产环节是分开

---

a ［美］爱德华·L. 伯内斯：《舆论的结晶》，胡百精、董晨宇译，中国传媒大学出版社，2014，第96页。

的，广告才得以捕获新的、未知的产品进行加工创作，并借助图像赋予其价值。广告就像品牌一样，可以为缺乏意义的物品注入意义。

自20世纪初现代广告出现以来，广告一直较少运用文本和论证，而较多地运用图像和表达。广告里的形象都是些年轻、俊美和富有的人，他们看起来很高兴，而且他们的幸福感全都是因为拥有了某件产品。以肥皂广告为例，在1910年代至1930年代，杂志上有很多肥皂的广告，美国的旁氏（Pond's）和伍德伯里（Woodbury），法国的棕榄（Palmolive）和梦皂（Monsavon）。肥皂这么微不足道的产品，却一样引发了商品的符号价值问题。人们可能会十分好奇，如何推广如此普通且替代性强的产品？如何区分某种肥皂，让它显得与众不同？第一个策略是为产品增加与奢侈相关的联想，让肥皂不仅代表肥皂，而更重要的是代表它的"用户"。因此一些厂商描绘了中上层阶级的年轻女性在聚会上的魅力表现，她们因为使用了某种肥皂，就显得如贵族一般。这让消费者感到他们买的不是肥皂，而是尊重和出类拔萃。

另一个常见的联想是诱惑。伍德伯里就在1910年代初期大量运用了这一策略，该品牌摒弃了一贯以来琐碎的医疗卫生话题，反而描绘了一对来自中上层阶级的年轻夫妇狂热的拥抱，伴随着这样一句口号——"这样的皮肤让人喜欢触摸"（A skin you love to touch）[a]。由此可见，广告不仅贩卖奢华和尊贵，还贩卖浪漫。在这样的广告影响下，使用伍德伯里肥皂的女人不再是那种忙于家务的传统好母亲，而是一位受人追捧的魅力女性。它表达了女性消费者的三重愿望：进入上层社会阶级、拥有吸引男人的魅力、拥有浪漫的爱情。这些联想之所以在今天看来显得很平常，是因为一个世纪以来广告业一直在重复运用类似的联想，但在它们刚刚诞生的时候，还是相当令人惊讶的。[12]在伍德伯里的广告大获成功后，有人曾进行过研究，在访谈中，一些消费者将肥皂形容为优雅和精致的商品[13]。这些人性化的品质竟然能与平凡的肥皂相关联起来，这都归功于广告商进行的象征性工程，让这些看似荒谬的联想变得自然了。

直到19世纪末，广告还不是我们今天所熟知的那种样子，当时的广告只不过是对产品的物理特性进行描述，展示其价格和用途。这些广告具有描述性和技术性，只专注于要推广的物品本身。当时的广告页面由简单的文字和排版组成，往往既杂乱无章又单调乏味。现代广告的出现是由图形革命带来的，从那时起，报纸和杂志开始在其页面上印刷大型插图，并采用更多样和抓人眼球的排版，让广告变得更大更醒目，有时杂志上甚至一整页都是广告。图形革命使广告商能够调动视觉定式、创造有趣的图像，开启符号联

---

a 美国最经典的广告语之一，来自全球第一家广告公司智威汤逊（JWT）在百年前制作的广告。该广告出自广告业首位女性文案之手，首次将"性"的概念应用于广告中。

想的旅程。从此，广告的话术在本质上发生了变化。它不再专注于描述产品功能，而是要去赞美产品的"心理效用"，也就是产品能为社会和人们带来什么好处。广告开始表现出其象征性的特点，它们彰显汽车为人带来的地位和声望，而不介绍汽车本身，它们着重强调肥皂的性暗示，而不专门去讲肥皂本身。现代广告就这样超越了商业交流的经济理性维度，构建了一种社会想象。

在广告的暗示下，观众也把自己投射到广告所表达的那种爱情和家庭中，这种投射时而像田园诗般美妙，时而令人不安。这是因为广告旨在让它的观众（也就是消费者）对自己进行批判性的审视，也就是所谓的"引起焦虑"。从1920年代开始，这种套路在西方媒体的广告中被强烈地表现出来，那些令人焦虑的场景大多由遭遇失败和在公众面前出丑的情景组成，也包括失业、离婚或疾病等不幸事件。在引起焦虑的广告中，中心人物往往与环境格格不入，主人公之所以被拒绝和嘲笑，都是因为他们没有消费某种物品，比如没有用除臭剂、没有使用漱口水、没有修剪指甲等。这类广告在卫生产品和化妆品行业尤其突出，旨在让观众对不知不觉中的越轨产生恐惧心理。李施德林（Listerine）品牌就很熟练地运用了这种方式来影响消费者。1920—1940年，李施特林制作了很多令人焦虑的广告，这些广告在西方世界广为传播，并让所有人警惕"口臭"的可怕危险——"口臭"在此之前是一个晦涩难懂的医学专业词汇。在一则广告中，一个年轻女孩在她第一次参加舞会后，因为没有得到男孩的青睐而在母亲的怀抱中哭泣；在另一则广告中，女孩在舞伴的怀里因为口臭而感到羞耻，背景中的人群则都在嘲笑……此后，许多其他品牌也借鉴了这种手法，创作了不少类似的故事，只是那些故事里的"口臭"变成了头皮屑、秃头、肤色差、出汗、头发油腻、粉刺痘痘等，在广告中，谁要是拥有这些问题，谁就犯了大忌。大多数引发焦虑的广告都以年轻女性为主角，她们是广告商的主要目标，广告商通过这种手法，"威胁"她们要靠消费来提高自己的吸引力，否则就会一辈子嫁不出去。

这些引发焦虑的广告有固定的结构，故事的结尾也总是大同小异，主人公因自身的"小毛病"被嘲笑、羞辱而感到羞耻，他的"小毛病"（狐臭、口臭、头皮屑等）阻碍了他的爱情、家庭或职业的成功。然后一位朋友介绍给他一款产品（除臭剂、牙膏、洗发水等）帮助他走出困境，恢复了正常的社交生活，最后，故事总在幸福快乐的情节中结束。那个时期许多广告都运用了这种三段式（问题/耻辱—产品出现—解决/恢复）的脚本结构，它暗示消费者要意识到自己的错误和不足，还要通过采取正确的消费行为来"自我救赎"。

1920年代到1950年代盛行的焦虑广告从1960年代开始逐渐被淘汰，此后的广告更看重产品的社会效益，摒弃了让观者感到内疚和羞耻的负面宣传话语。然而，引发焦虑的动机仍然隐藏于广告话语中，只不过以一种更加柔和的方式展现着。后来的广告话语仍然基于"抛出问题"和"解决问题"的脚本。例如，化妆品行业的广告从20世纪初以来就几乎一直采用相似的模式来宣传，广告信息会将观者的注意力集中在一个特定部位，如眼睛、嘴唇、皮肤等，然后描述身体这部分固有的"问题"，再向客户推荐其产品作为解决方案。比如，眼影是用来让原本疲惫而迟钝的目光重新焕发光彩；唇线笔则是用来勾勒过薄的嘴巴轮廓；抗衰老护理可以从深层紧致老化的肌肤。在化妆品广告的世界里，人的身体上遍布着许多有待解决的问题，而他们的产品是解决这些问题的灵丹妙药，是揭开美丽面纱的回春妙手。于是，人们觉得商品既是一种工具，也是人不可缺少的一部分，没有它，人的存在就不完整了。

资本现实主义及其作用

广告的目的就是赋予商品意义，以提高商品的价值。除了广告以外，还有很多其他事物也致力于创造符号价值，比如我们在本书中介绍过的品牌、百货公司和杂志等。商品既"降生"在广告中，也在商店的橱窗里、在期刊插图的页面中。商品凭借各式各样的推广，通过各种形式的策划、操纵，在媒体世界中广为传播。因此我们在讨论商业形象时也不能仅仅着眼于广告，而要关注最广泛意义上的各类媒介。

媒体为人们提供了一种交流体系，也带来了物质文化和富含想象的文化。我们生活的世界是直接的、触手可及的、客观的，而商品带来的世界是人为的、幻想的，但我们一样乐于生活在其中。媒体打破了人们的孤独感，将人们从平凡的经历中抽离出来，共同沉浸在一个丰富多彩的商品世界里。各种抢眼的图像吸引着人们的注意，娱乐着人们的生活，也激发了人们的幻想，最重要的是，教会了人们消费。正是媒体的产物将人们与市场联系起来，让全世界共享一种消费文化，并因此团结在一起。现在人人都知道"劳力士"（Rolex）手表，不是因为戴过它，而是因为这个品牌及其所具有的象征意义已经广为流传。这不仅是广告的功劳，还有赖于多种途径的"熏陶"。这一切让品牌进入了我们的词典，成为我们语言的组成部分。一个品牌的符号价值就这样被建立起来了，如今，当我们提起劳力士，我们指的不仅是手表，还有它所代表的财富。

商品构成了一种通用语言，一种全世界消费者都理解的语言，是商品让世界大同。而媒体则可以被定义为一种意识生产体系，在这个系统中，商家要不断地应对那些新的竞争对手以及对立和邻近行业的冲击。在商品世界，尽管谁也无法专横地垄断符号价值，然而符号市场也不是绝对民主的，要想扩大知名度、要想将想法变为现实，就要投入大量资本。因此一家公司必须调动大量的金融资本，然后通过各种传播媒介的力量将其转化为象征性资本，才能参与这场游戏。也就是说，这是富人们的游戏。

在媒体领域，商家尽管互相争夺着公众的关注和支持，但他们所传播的信息理念又是相互适配而和谐的。他们围绕着共同的刻板印象、价值观和规范，共同传达着一套消费意识形态，在商业的世界观中，我们的一切都取决于我们拥有什么样的商品、得到什么样的象征。也就是说，商品可以满足人类的种种基本需求：快乐、自尊、友谊、爱情和家庭……并最终实现幸福。简明扼要地说，这些媒体想表达的意思就是："用钱换一件产品，再用这件产品换幸福。"在商业社会，传递给大众的就是所有新的东西都是可取的、刺激的、有趣的，消费者必须得去了解市场提供的各种新鲜玩意，必须跟上潮流和变化、保持警觉，这是消费者的"公民责任"。同时，消费意识形态还包括商品对人们身份认同的影响。商品可以赋予拥有者相应的身份地位，而这一切都是通过消费来完成的。

然而，事实上，前文所说的这种意识形态不是来自广告和媒体，而是来自市场经济本身。罗兰·马尔尚曾解释道："在一个相对流动的社会中，企业不断发展，人们经常需要和各种陌生人见面往来，而这类互动往往都是短暂的，见了一次可能就不会再见第二次了。因此，人们十分注重自己带给人的第一印象，这会对人产生至关重要的影响。"[14]在现代社会，每个人都需要管理自己的外表，因为人们很难了解某一个人真实的背景，只能通过他的消费方式和行为举止来判断。人们"需要通过一些蛛丝马迹来判断你的身份地位。人们会看你的衣服剪裁、牙齿的白度、家具的年代和风格、餐具的选择、剃须的水平，然后他们就可以对你进行评估，这是最快速的方式"[15]。

所以，并不是媒体造成现代人的身份危机，新的经济模式才是根源所在，这一切都被既官僚又匿名的市场环绕着。不过，媒体的确让这场危机变得更加戏剧化和工具化了。商业所构造的幻想并不会去考虑个人在生产系统中所处的位置，以及每个人所拥有的权力关系，相反，消费者可以创造虚构的自己，人们需要把市场提供的商品元素完美地整合起来，包装自己，努力使自己在社交游戏中脱颖而出。在商业的世界里，消费者是提升自身价值的工匠，他所要做的就是通过挑选市场提供的产品展示自身价值，从而成为掌控自己命运的主人。要是他失败了，那一定是因为没有遵守这一套标准。

媒体话语的最大力量其实在于它对某些方面的避而不谈。要理解商业兜售的意识形态，我们必须先去思考它故意忽视的是什么。他们从不谈生产和劳作，而大量去讲休闲和财富，刻意过度曝光那些有利于商业利益的态度、行为和价值观。传播研究人员舒德森将其称为"资本现实主义"，这是一个不算完全现实，也不完全虚构的世界，在这里既没有社会分化，也没有简朴的生活，它一味地将消费者的形象理想化，并大肆宣扬广大中产阶级舒适的物质生活，这样的宣传充斥了全部的社交空间。媒体为我们提供了大量图片，创造了很多刻板印象和流行语，极力展现世界上比较光彩的那一部分。他们刻意逃避了集体主义文化，通过构建一种"不假思索"的文化，掩藏了某些想法和某些异议。因此，消费者的自由不过是在他人强加的一堆东西中进行选择的自由。

在此，我们对宣传话语已经做出了双重解读，正如我们在本章开头所解释的那样，广告并不一定能起到推广特定产品的作用，不过毕竟新产品本来就有很高的失败率。无论如何，以广告为代表的商业话语的确在意识形态范围内发挥了很多作用，广告话语的力量在于不断重复，让消费思维深入人心。广告，或者更广泛地说，媒体商业话语其实是一种"教义"，它们会影响人们如何定义自己的存在价值，如何规划自己的人生经历。因此许多广告分析师会把广告描述为一种新的宗教权威。[16]媒体市场话语制定了新的标准，也建立了一套新的法律，它会去宣传某些物品和行为，同时也贬低一些不被看好的行为。这套信仰体系非常成功，带来的力量巨大，却又几乎不引人注意。消费意识形态就像水一样，把消费者浸泡在其中，如此显而易见，却经常不被发现、不被人们考虑到。媒体商业话语改变着事物之间的关系，并把人们塑造成"依赖于资本增值过程的因变量"[17]。因此马克思主义者经常谴责它是世界上最复杂的强迫和控制体系。

因此，雷吉斯·德布雷（Régis Debray）在1979年这样讽刺了商业媒体的意识形态力量："一方面，这是对资源（收音机、电视、海报、传单、电影、节目、杂志等）的惊人浪费，但也可以理解为整个系统的宝贵节约。资本主义国家配备了巨大的满足象征性建设的全套装备，还有无所不在的媒体。媒体上那些美丽的图像实际上也是为了监督和控制，但在更高的生产力下，它们的效率显然更高。这套体系润物细无声地完成了控制。我们可以说，电视新闻、《法国快报》（*L'Express*）、《嘉人》和《法兰西晚报》（*France-Soir*）各自都配有一个装甲宪兵团的火力，因此内政部和国防部就省事了。"[18]

在商业市场中，不切实际的宣传通过媒体系统大肆传播，让消费者陷入了不确定性。人们不断自问，我是否能达到足够的高度？我符合市场给出的标准吗？我能否成为受到商业社会欢迎的人？我和媒体中的理想消费者之间还有多远？媒体市场话语最具体的效果是诱发攀比，并由此引起焦虑，尤其是女性的身体被媒体大做文章。当一个女人翻阅杂志时，她会感觉到"杂志上所说的'她应该成为的人'与她本人之间有非常明显的差距"[19]。人的身体尽管是天生的，但也蕴含了消费的想象和身份、价值的反映，是自我投射和自我投资的对象。媒体的宣传在暗示人们，身体必须经过锻炼、改善，才能达到理想的样子。于是市场上出现了各类整形美容服务，号称可以帮助人们变美，商家还为此设计了各种宣传话术："世上没有丑女人。只有不知道自己能够变美的女人。"[20]这类宣传话术提出了一种错误的二元论观点：女人要是不自我拯救，就会被抛弃。所以在这种论点下，女人必须努力让自己的形象引人注目、惹人喜爱。化妆品行业及整形业也一样，都是用了这一套论点，让人的身体成为被加工、被物化的对象。

商业世界就是建立在这一套体系上。很多促销话术的目的其实是为了让顾客对现状不满，那些引起人们烦恼的话也能引起人们的欲望。这种"买东西补偿自我缺陷"的幻觉是卖出商品的关键。正如美国著名的广告行业杂志《印刷者笔墨》(*Printer's Ink*)在1930年指出的："广告旨在让群众一直对他们当下的生活方式不满意，要让人们无法忍受丑陋的事物。因为令人看了以后觉得心满意足的广告是赚不到钱的，令人不满才能招揽更多顾客。"[21]

第八章

家庭中的消费主义:
封闭的住宅与消费分工

现代市场的出现扰乱了原有的社会架构，随着旧的自给自足的社群解体，一对夫妻不再受到各自的家庭制约，他们得以拥有属于自己的小家。而在这个亲密又个性化的空间里，消费也有了新的分工。

家的变化

我们在本书的第三章曾分析过19世纪的资产阶级住宅，那是消费社会的橱窗。它表达了人们对囤积的热爱，也传承着一种人与物的关系。资产阶级住宅以前按照其功能性被划分为三部分，也就是接待区、仆人活动区和私人区。然而，在19世纪下半叶，住宅的开放性逐渐弱化了，人们对住宅的私密性要求越来越高。

在那段时间，我们可以看到家庭变得愈发封闭。不少屏障建立起来，以保护甜蜜的家免受外界打扰。与住宅安全相关的产品也应运而生，不少广告开始大肆推销防盗锁、防盗门和警报系统。同时，公共空间和私人空间之间的阻碍也增多了[1]，有钱人会雇佣礼宾员来筛选信件、物品，并把不受欢迎的人拒之门外。前厅和大楼梯制造了人们无法接近的遥远感。到了1860年以后，门铃、传声筒和家用电话得到广泛应用，进一步增强了信息的过滤。"为了拥有私密感，从街道到住宅之间的空间里被设置了无数阻碍。"住宅的封闭意味着私人空间变得愈发神圣。百叶窗和双层窗帘让外面的人无法看到里面，而加固的窗户则增强了隔音效果。人们对噪声的容忍度越来越低，因此很多住宅里用上了地毯、脚垫等，人们穿上静音拖鞋、并在门上安装了橡胶挡块以防止关门时发出"砰"的一声。在新建造的公寓中，走廊更均匀地分割空间，并避免房间之间的距离过近。"资产阶级的公寓对听觉提出的新要求引发了对极度封闭住宅的追求。"减少了噪声后，人人都能享受独处的安宁。

这样安宁的私人空间越来越受到人们的青睐，人们渴望能在家中享有足够的隐私。于是，以前有钱人才能拥有的独立而隐私的卧室，在小资产阶级中也蔓延开来。人们开始在家具和门上装锁和栓。到了1870年代，家中的主人也不再要求仆人服侍他们洗澡了，连仆人的存在也构成了对私密的威胁，因此到了世纪之交后，人们家中雇佣仆人的数量普遍下降。

对资产阶级来说，家是远离商业和社会喧嚣的避风港，是一个"封闭的、虚幻的、永恒的宇宙"[2]，也是一个远离外界的避难所。和昔日贵族住宅不同，现代资产阶级的住宅更追求舒适，他们不再用巨大而棱角分明的家具来展示自己的财力，而是在布置上使用令人放松的各种衬垫、靠垫和织物来让住宅更加安逸温暖。舒适的家具取代了大理石,棉制品取代了木制品。"马车里柔软的内饰取代了华丽的内饰,用暖气的公寓取代了冷冰冰的城堡,羊毛袜取代了丝袜……"[3]温馨宜人而方便舒适的设计让人们倍感幸福。

这种在19世纪下半叶资产阶级中流行的私人、孤立和舒适的住宅与一般人居住的普通住宅形成鲜明对比。对于大多数农民、工人和小手工业者来说,家是粗糙又硬邦邦的,墙壁光秃秃的、地上到处是泥土,到处都有生产和生活的痕迹。对他们来说,生活的地方就是劳动的地方,他们在这个空间里既要睡觉又要工作。让·弗拉斯蒂(Jean Fourastié)表示,"总的来说,从最古老的时代到上个世纪,住房的本质都是避难所。人们可以在那里避雨,抵御寒冷、野兽和敌人"。[4]农民的房屋通常是大开间,家中的所有人都挤在一起,没有任何隐私可言,空间是共享的,处处摆放着工具和功能性物品,几乎没有用于个人休闲的空间。而且,房间和外界也没有严格的分隔,大多数农民家都对外开放、邻里间很容易互相走动。

在1950年之前的法国,资产阶级家庭和大众家庭之间的这道鸿沟是巨大的。战后,当美国人类学家劳伦斯·威利在法国沃克吕兹省的一个村庄安顿下来时,他们全家都感到非常不适应。"美国人习惯只要动下手指就能调节整个房子里的暖气。然而在这里,房子里有一个炉灶、壁炉,还有锅炉,我的书房里还有蝾螈炉[a]。由

---

a 一种燃烧缓慢的炉子,置于壁炉中。

于这些设备的存在，我决定让房子热起来——这在理论上是可行的。当我们要为房子供暖的时候，就要不停地从炉灶烧到锅炉，从锅炉烧到蝾螈炉，从蝾螈炉烧到壁炉，还要不断加木炭和木头。我很快意识到，仅此一项工作就占用了我所有的时间。更不用说耗费了多少木材和木炭，而这些材料本来在这个国家就很稀缺，以致价格在惊人地上涨。而且，即使投入了时间和金钱，也难以达到取暖的目的，密史脱拉风[a]吹来时，我在书房里仍然感到瑟瑟发抖，而又无计可施。最后，我不得不带着打字机、书籍和文件到起居室办公。然后，我发现加减衣服要容易多了，对比起来，生火取暖显得荒唐可笑，所以我就靠穿脱衣服来调节温度，这似乎合理多了。此外，浴室也不像美国那样令人感到舒适惬意，洗澡之前要在寒冷中脱掉衣服，然后泡入热水中。而且一烧洗澡水，就不能同时在厨房烧饭了。最后，我们连澡都不想洗了！以前生活在美国的房子里时，我们家庭活动的足迹遍布整所房屋——我们以为在佩伦（Peyron）也可以这么做，而现在我们根本不想迈出房间。"[5]

劳伦斯·威利的经历其实表现了房屋结构的重要性。与法国不同，美国自殖民时代以来就拥有宽敞的错层式房屋。[6]这位美国学者以为自己能把美国的生活方式搬到法国，但很快就意识到，生活方式取决于物质生存条件和集体关系，人们不能想怎样就怎样的。当时的沃克吕兹并没有实用且舒适的资产阶级房屋，因为所需

---

a 法国南部从北沿着下罗讷河谷吹的干寒而强烈的西北风或北风。

的材料既稀有又昂贵，美国式生活在那里是不可能实现的，所以美国来的劳伦斯·威利到了法国不得不像农民一样生活。他在书中这样总结："大家都集中在一个房间里生活，这些变化确实解决了一些问题：取暖容易了，开销也下降了，我松了一口气。但问题是家人之间会互相干扰。有时候孩子们在玩耍，我却要工作，所以必须让孩子们不要吵闹。此外，我还得习惯在大家吃饭前把桌子上的文件清理了。我们有时连厨房都不去，直接在壁炉里煮肉。如果小孩不舒服，我们也会在火炉前安抚他。日夜燃烧的柴火成为我们家在此地六个月生活的中心。不知不觉中，我们已经逐渐适应了当地农民家庭的生活，全家人都聚居在一个房间里，在这个全家唯一烤火取暖的地方，我们准备饭菜、吃晚饭、讨论、招待朋友。家庭医生来访时也会在此看诊。"[7]

在当时的法国，还不存在那种舒适、独立且兼具隐私性的房屋结构，由于基础设施相对落后，许多特权只属于资产阶级，只有他们才有自来水、煤气、电以及各种现代隔热和供暖技术。当技术发展起来，这些障碍得到克服后，资产阶级的家庭生活方式逐渐渗透到了下层阶级，人们的房间才开始根据功能专业化的原则不断增加，独立的厨房、卧室、入口和走廊慢慢出现了，空间也因此有机会变得封闭和独立。客厅曾经是资产阶级的"壁垒和等级标志"，但后来也变得越来越普遍，从而失去了其独特的价值。在20世纪的最后约30年间，大多数法国家庭都拥有了客厅。农民和工人的家里也不再摆放劳动工具了，而是开始摆放装饰物和装饰品。19世纪末曾属于资产阶级特权的那些小摆设、地毯、窗帘和银器，也开始进入寻常人家。

在人们的住宅变得越来越高档的同时，家庭及其经济功能也渐渐变化。直到19世纪，家庭仍然是一个自主的生产和消费单位，所有家庭成员都一同工作，农民的小孩要参与收割和放牧、工匠的小孩也得从小就在店里帮忙。对他们来说，家庭生活和工作之间没有明确的界限。当遇到粮食短缺的时候，全家人都要一起挨饿受冻。然而，随着市场和工业生产时代的到来，家庭不再是一个命运共同体了。以前由家庭履行的功能现在逐渐外化，人们开始外出工作赚钱、到学校上学接受教育，而家则成为人们休憩和消遣的私人空间。由于人们的劳动地点从社群转移到市场，家庭也越来越少地参与社群的集体活动了，现代家庭的模式逐渐形成，它的规模逐渐变小，成为仅由父母和子女组成的紧密核心，大家逐渐习惯了"各自在家，各自为己"的生活方式。这意味着个人隐私、亲密关系和自我实现的意义被重视起来了。

母亲——全家的消费总管

家庭成为一个"情感单位"，但并未与市场关系相割裂，相反，每名家庭成员都要和外界接触，而家庭为他们做好了服务。家成为非生产性的场所，是完全用于休息、娱乐和消费的地方，但却只是一个虚幻的避难所。在开放的经济中，家庭是生产力重构的场所、是现代工作伦理的管理和培训地。孩子们在家庭里内化自我控制、消费、个人责任、私有财产、规则和守时等市场规范，为他们进入社会打好基础，让他们能够在现代社会中保持，甚至提高自己的阶级地位。

而家中的母亲，就是担负这一管理职能的人。母亲维护着家庭这个避难所，在人们的观念中，她既热情洋溢又循规蹈矩，是道德的表率，是家庭的天使。母亲的形象总是深情、忠诚，充满奉献精神，她守护着全家每个人的幸福。这些品质就是维多利亚时代传统对"真正的女人"的定义，这种形象也曾被广为颂扬，这一套意识形态在媒体和广告里一直不断地被强化，直到20世纪中叶。《女士之家》杂志的编辑爱德华·博克曾说："我们在音乐会上欣赏女歌唱家、赞美舞台上的女演员，也被女作家或女演说家深深打动，但是，最让我们动容和尊重的女人，就是那些是忠于她的领域，以优雅和温柔管理着家庭和孩子的女人。"[8]这种对贤妻良母的赞美、对她们倾情奉献的美化，在整个西方都极为广泛，现代社会更加强化了性别分工和各司其职的意识形态，男人和女人因此被各自束缚在不同的领域里。

当然，在前资本主义世界的农民社会中，性别分工已经很重要了。男人常做一些力量型工作，如犁地、播种、割草、屠宰牲畜和卖货。女性则承担家务、手艺活，如采摘、采集、蓄水、喂养牲畜和育儿工作。然而，这种划分并不是绝对的，妇女也会参与收割庄稼，她们既会去葡萄园，也会和牧羊人一起放牧。最重要的是，虽然男女的任务不同，但这些工作是平等的，因为它们对于集体生存必不可少。女性的工作同样具有生产性，男性也一样要做家务，例如准备木材和制作家具。因此，一方并不优于另一方，"男人和女人并肩而行、不相上下。丈夫和妻子共同拥有并一起行使权力"[9]。

然而，随着工业化和有薪就业的推进，雇佣的、外部的、男性工作与家庭的、内部的、女性工作之间产生了区隔。当男人远离家乡，到工厂和商业空间从事生产劳作、带来收入时，妇女却在花钱，尽管这是为维持家庭正常运行必要的开支。女人不再是生产者，而是成为负责家庭采购的"自雇者"。男人与女人的劳动空间彼此隔离，导致他们的经济地位和思想观念也发生了极大变化，这一切"破坏了婚姻中的两性平等，使女性成为仆人般的角色"[10]。尽管女人和以前一样，完成着家中的劳作，但现在她们的地位却大不如前，毕竟，人们会认为花钱的人不如挣钱的人重要。

从19世纪末到20世纪20至30年代，我们可以看到资产阶级的这种家庭模式非常普遍，并且母亲作为家庭主妇的角色更是深入人心。尽管在更贫困的家庭里，妇女也被迫进入劳动力市场，但对她们来说，家庭主妇仍是理想的选择。正如我们在之前的章节里说过的，资产阶级的社会地位是通过他们的室内装潢、家具和用人来表明的，但是随着从旧制度中继承下来的家庭用人越来越少，家庭主妇们就要承担更多的家庭事务，这让她们时常感到孤立无援，于是，市场提供了各种技术工具，为她们带来帮助。

资产阶级所炫耀的东西从19世纪到20世纪发生了很大变化，

这都归功于高新技术商品。20世纪的母亲不再是简单的家庭主妇，她还是一名总工程师，要学会用各种新玩意儿来填充住宅，让别人看到一幅便捷的家庭生活景象。由于电气化的发展，家用电器越来越多：吸尘器、冰箱、洗衣机、缝纫机等工具从1920年代在美国开始普及，到了1950年代也进入了法国家庭。[11]这些工具减少了家务劳动的时间，让妇女有更多时间照顾孩子和休闲。家庭劳动变得更加工业化了，这虽然增加了家庭生活成本，但极大地改变了家务所需的时间，以及家务工作的构成。由于基础设施、材料和工具的进步，人们对清洁度和舒适度的标准和要求也越来越高。

农民们还住在茅草屋顶、墙上糊着泥、满地夯土的老农舍里时，是不会有"保洁"的概念的，因为一切都是脏的，很难弄得干净。但是逐渐地，人们的房屋里装上了地板和天花板，不再在家里养牲畜，还安装了不少家用电器，这些具有密封性的新型房屋就与现代的清洁标准相适配了。人们开始给家具除尘、清洗衣服和更换桌布。埃德加·莫兰（Edgar Morin）观察到，1960年代布列塔尼农村的年轻女人们产生了一种"肮脏负罪感"，农民们世世代代生活在这里，但突然从她们这个年代开始，就变得不能容忍旧有的生活品质了，"她们大力促使托儿所变得现代化，在院子里涂柏油，还引入自来水，用于清洗餐具，清洁房屋及身体"。[12]那些曾经无法完成也无法想象的事情如今成为必不可少的了，这也是资产阶级的清洁标准向下层渗透的表现。

于是，现在的女性要做更多的洗衣、清洁、吸尘、清扫和抛光的工作，使用各类市场提供的新的清洁产品以对抗灰尘、细菌和微生物。另外，她们还要考虑到家里每个人的口味和喜好，为全家人准备丰富而均衡的膳食。她还需要开车送孩子上学和参加体育活动，照顾小孩的衣食住行。同时，她还必须掌握最新的家政和室内设计方法。家庭主妇的生产力增加了，工作时间却没有减少。社会判断一个女人的价值时，总会考虑她能不能"料理好家庭"。家务工作虽然不再像以前那么费体力了，但越来越费脑了。家庭的工业化带来了更高的舒适和清洁标准，但也导致男性不再参与家务劳动。比如，燃煤火炉在19世纪的美国逐渐取代了壁炉。以前的壁炉需要男性家庭成员们自己切割和搬运木材作为燃料，而煤炉用的则是从市场上购买回来的煤炭。因此，家庭生活就与货币经济和雇佣工作密切地联系在了一起。"逐渐，父亲不再砍伐和搬运木材，儿子也无从了解这种技能，他们转而更多地去考虑如何找到和保住一份有薪工作。"[13]商品崇拜、劳动分工和工资制度都是家庭内部生产关系解体的原因。父亲在外工作挣钱，而在家的母亲再用钱去购买煤炭。经济模式的改变下，男人完全退出家务劳动，不再直接进行生火工作，而是将用于生火的钱带回家。曾经，男人需要加工皮革、建造烟囱、酿酒、杀牛、加工肉，但现在这些工作都在技术和经济创新的影响下由市场承担了。而对女性而言，她们对家庭的依靠则更加牢固了，而且，由于男性离家，她们不得不自己负责整合和加工购买回来的产品。

　　母亲虽然只属于小小的一家之地，但是她所负责的住宅却是现代人倾注大量注意力的地方——它正日益被重新思考和安排。在19世纪末至20世纪中叶[14]，大型住宅区开始建造时，资产阶级追求舒适的理想在广为传播的同时也发生了变化。19世纪资产阶级的浮夸和囤积受到四面八方的抨击。从道德上讲，这既炫耀又浪费；从经济上讲，华丽的装潢价格过于昂贵；从卫生上来看，把家里摆放得杂乱无章不方便打扫。不少建筑师和功能主义设计师也觉得这样的家装理念很过时。建筑师勒·柯布西耶（Le Corbusier）就说过："垂饰、吊灯和饰带、精美的椭圆形、呈三角形的鸽子置喙梳理自己羽毛或者互相梳理羽毛、用金色和黑色的丝绒圆靠垫装点的贵妇小客厅，这些都仅仅是一种死亡精神的证明……这些叶纹装饰的书柜又是什么用处？这些玻璃柜、这些碗柜、这些银器柜、这些餐具柜都有何用？这些帐幔有什么用？印着缎纹和五颜六色的墙纸又有什么用？人们在你家里看不到日光……"[15][a]

和旧资产阶级的室内装潢相反，现代的理想住宅布置合理、线条简洁、表面光滑、方便实用。住宅成为一台"生活机器"，专为方便使用而设计，就像现代实验室或商店一样。从功能主义的角度来看，只有和人们生活相适应的物品才是合适的、美观的。人们就这样优化了住宅体系，抛弃了那些多余和无用之物。与旧资产阶级常用的华丽家具和洛可可风格装饰不同，几何形状和光滑的家具更

---

a ［法］勒·柯布西耶：《走向新建筑》，陈红译，江苏凤凰文艺出版社，2021，第73、93页。

易于清洁,也就更加流行了起来。家庭的工业化导致了家务工作的抽象化,电网和管道等各种神奇技术为人们提供了无形的帮助。

尽管住宅变得更加功能化,然而这却并没有改变旧资产阶级追求奢华的家庭生活理念,相反,这反而是种助长。各种对住宅结构的优化和技术型设备的使用确实让家变得更加舒适了,这和旧贵族所追求的格调的确有所不同。住宅里的方方面面都在进步、调整、优化,以达到最佳状态。功能主义住宅虽然不追求无用的装饰元素,并取消一些象征性的物品,把重点放在使用价值上,但实际上,工具代替装饰品成为人们填充住宅的物品,人们对技术的炫耀代替了对华丽的炫耀。家庭的地位不再表现在华丽上,而表现在效率上。人们不再宣扬古色古香的艺术品,而是宣扬各种多功能高科技设备。这就是让·鲍德里亚所说的"功能性拟像","物在这种拟像的背后继续扮演着它们进行社会区分的角色"。"这一情形的极端情况就是那些小杂物:功能性的外衣掩盖了完全的不必要,实践的伦理遮蔽了纯粹的浪费。"[16a]因此,鲍德里亚认为,现代商品陷入了一种"根本妥协",即购买特定商品才能提高家庭地位和声望。人们很多时候都是在被迫的状态下必须要买一些东西,很少是因为有用或因为喜欢才买。

当家庭空间被优化后,"现代"女性也完美地适应了大众消费

---

a [法]让·鲍德里亚:《符号政治经济学批判》,夏莹译,南京大学出版社,2015,第8页。

的行为模式。一旦有什么新的实用创新理念出现，她们就要把之前的家具和物品淘汰一波，换上新的设备。她们适应着家庭主妇的职责[17]，管理、预测、控制、协调和组织家庭生活。这还激发了一场"家庭合理化运动"，并在1920至1950年催生了很多教授家政服务的学校和协会机构，如美国的全国家政经济协会（National Household Economics Association）、法国的家政组织联盟（la Ligue de l'organisation ménagère）等。此外，很多媒体也宣扬着"家庭合理化"（domestic rationalisation），除了指导手册外，不少畅销书都以此为主题，如1923年克里斯汀·弗雷德里克斯（Christine Fredericks）的《家政工程学》（*Household Engineering*），1928年波莱特·伯内格（Paulette Bernège）的《家务方法》（*De la Method Ménagère*），像《女士之家》《嘉人》这类女性杂志和《优质家政》（*Good Housekeeping*）、《家务艺术》（*Art ménager*）这类专门期刊也都努力传播相同的理念——女性要担任"家庭工程师"。他们宣扬女性要在家庭中遵循各种科学组织工作的原则，探索做家务的"标准操作方法"。这些著作中都借用了泰勒主义[a]的理念，例如时间分析和标准时间方法，比如"用普通的刀削一斤土豆，在没有方法和培训的指导下：9分钟；使用削皮器削同等数量的土豆，使用正确姿势，在明亮的地方操作，稍加练习：3分钟"[18]。因此，女人们的家务工作也要做好规划、计

---

a 泰勒主义是美国工程师弗雷德里克·泰勒（Frederick Winslow Taylor）创造的一套工作方法，基本内容和原则是科学分析人在劳动中的机械动作，研究出最经济而且生产效率最高的所谓"标准操作方法"（The One Best Way）。

示意图3 洗碗家务优化方案

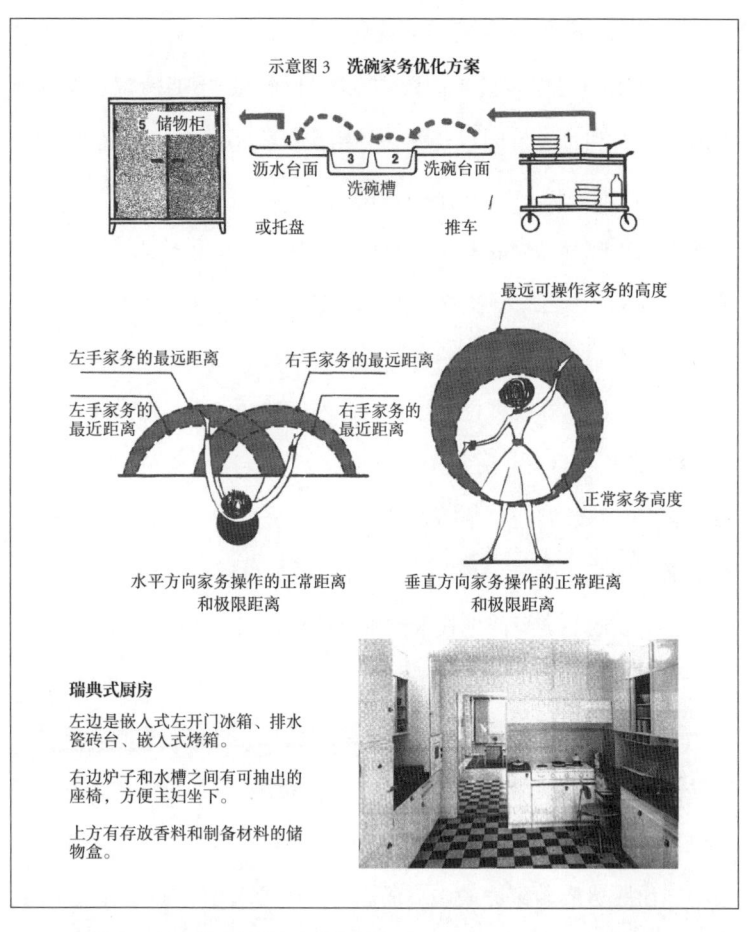

最远可操作家务的高度

左手家务的最远距离　右手家务的最远距离

左手家务的最近距离　右手家务的最近距离

正常家务高度

水平方向家务操作的正常距离和极限距离　　垂直方向家务操作的正常距离和极限距离

瑞典式厨房

左边是嵌入式左开门冰箱、排水瓷砖台、嵌入式烤箱。

右边炉子和水槽之间有可抽出的座椅，方便主妇坐下。

上方有存放香料和制备材料的储物盒。

图11　波莱特·伯内格《家务方法》的插图

算、安排。为了在做不同家务时尽量缩短走路距离，家庭主妇甚至要配备计步器、绘制家务劳动的路线图，以提升家务效率，避免在设备之间"迷失"。

179

于是，各种指导人们如何规划家务劳动的科学方法取代了从过去继承来的习惯，女人们要学会精打细算、不能随意购买，要考虑本金、利息、折旧以及储蓄等情况，而不能轻率做决定。"家庭合理化"的支持者们认为家庭主妇既是家里的企业家，也是她自己的工人，她自己指导着自己的日常工作。这些被捧为"家庭工程师"的女人们俨然拥有技术专家的地位，但她们所接受的培训却只不过是几本手册里的知识。在"家庭合理化"的理想场景中，家庭主妇应该自律、养成良好习惯、永远不能冲动。除了对效率的关注之外，"家庭合理化"还赋予了家庭主妇培养家庭成员适应市场化生活的责任，她们在家中的工作让整个家庭的社会地位提高，也培养了家人的市场观念，"家庭的方方面面都可以培养和激发全家人的观念，让他们全身心地投入到生产中去，成为新一代的生产主义者"[19]。

我们这一代人都是受到过"家庭合理化"运动影响的。今天我们设计厨房的时候都会追求功能性，把存储空间尽量优化，并配置高柜和带缓冲的抽屉，工作空间的巧妙分布可以最大限度地减少无用功，让厨房成为家庭的中央岛、指挥中心和俯瞰客厅的观察哨。这些现代厨房的设计理念都继承了1920年代发展起来并在1950年代普及的人体工学设计。

到了1920年代至1960年代，家务分工和女人作为家庭消费总管的责任也依然适用。尽管从那时起，职业女性越来越多，她们的意识形态发生了一定改变。但旧有模式并没有完全过时，毕竟女性的就业率仍然低于男性，而且即使她们上班了，也大多还要兼职完成家务工作。近几十年来，家务工作的不平等分配已显著减少，但西方国家的女性花在家务上的时间仍然是男性的2—6倍。[20]虽然男人可能更多地承担了与房屋维护（修理、园艺）有关的工作，室内清洁、做饭和洗衣这类的工作还是主要由女性承担。人们对家中母亲的固有观点仍然是希望她们做好家务、养好孩子，她们仍然要对家庭幸福负责。

孩子——家庭幸福的证据和指南针

在自给自足的农民社群中，妇女是一股集体力量，经常成群结队地照顾孩子。当哪个妈妈忙不过来时，整个社群的其他人都会来帮忙。然而在现代社会，儿童的教育成为个人的责任。母亲在家独自照顾小孩，孩子的性格品质也成了母亲教育好坏的证明。这甚至产生了一种竞争，因为孩子似乎成为家庭完整与否、婚姻成功与否的检验，而母亲则要完成这一部分绩效，以便和邻里攀比。因此，许多母亲会因为教育孩子的问题而感到焦虑或迷失方向，市场则适时推出了相应的产品：早在1920年代的美国，《父母》（*Parents'*）杂志就出版了，儿童读物也成倍增加，各种儿科医生、心理学家和教育专家都热情地向母亲们传授育儿方法。有了这些专业知识的滋养，母亲便可以制定合理的教育规划、做出正确的消费选择，在孩子的每个发展阶段为他提供最好的支持。此外，母亲们还要学习饮食的合理搭配以确保营养均衡,要学会对奶瓶进行消毒以保证婴儿的卫生……在人们的观念中,给孩子的必须是最好的。要想成为最好的母亲,就要先成为最好的采购。

在可供自由选择的、丰富的市场经济中,母亲们要想做出最正确的抉择,其实面临很多困难。要如何教育孩子,要怎么照顾孩子的衣食住行,这些都要由她们自己去研究,因为这是她们的责任,如果完成不好,就是她们的失职。正如鲁思·科万(Ruth Cowan)所写,"如果孩子太瘦了,就是她们的错……如果孩子穿着脏衣服去上学,就是她们的错;如果水槽里的细菌没有好好清理,就是她们的错;如果小孩感冒了,就是她们的错"[21]。于是,广告商便很好地利用了这种负罪感。他们先是大肆宣扬焦虑,类似"你可以通过一个人家里的地板判断她们"(By their floors you shall judge them)。1920年代至1950年代的许多出版物都描绘了一些失败的母亲形象,然后适时推出他们的品牌和产品来提供帮助,并号称这些解决方案可以帮助失败的母亲们找回家庭幸福。

媒体和广告商所呈现的理想家庭是一个充满分享、温暖和相互理解的避风港,而他们同时都会强调儿童的发展对一个家庭来说是至关重要的。现代家庭是围绕着母婴关系而建立的,母子之间存在着最强烈的情感关系,家庭中的其他成员也参与着这一切。[22]现代家庭越来越不需要奶妈的角色,因为家里的母亲不再像以前那样愿意把孩子委托给别人喂养,同时,她们对成长和教育的日益关注也证明了母性纽带对家庭的影响。[23]在新兴的观念中,童年是神圣的，人们对童年的关注充满了宗教般的感情。在资产阶级家庭文化里，孩子被赋予极高的期望，人们甚至期待他来改变整个家庭的社会地位。人们生育的孩子越来越少，但在孩子身上花费的时间和金钱却越来越多。市场经济把儿童教育的水准拔高了，各种相关机构和产业也层出不穷。这个转变是相当剧烈的，因为直到19世纪末，儿童都要和其他人一样为群体的生存做出贡献，儿童要承担劳动者的任务，比如养牛、参与收割。然而随着社会商品化和工业化的发展，儿童不再是家庭的额外劳动力，他们成为被关心和爱护的对象，家长时刻操心着如何培养他们，以使他们更好地进入未来的工作生活。

儿童成为了父母倾力投资的对象，自然而然地也成为市场的目标。在19世纪末和20世纪初，诸多行业开始专门生产针对儿童的产品，比如玩具、糖果、成衣，这些曾经都是人们手工自制的，而现在都是工业化生产出来的。与此同时，百货商店也为儿童商品开设了专门的部门。母亲购物的时候经常带着孩子一起，商店也就成为教会孩子消费的第一个课堂。孩子们在这些商业场所观察并学习着一套技术，从而影响父母为他们购买什么样的商品。在20世纪，一家人生养孩子的数量越来越少，购买力却更强了，所以家长往往会更容易答应小孩的请求。随着现代家庭内部的关系变得更加自由，孩子们可以更多地表达他们的喜好和意见，并且往往能够影响消费。在20世纪末，儿童对家庭消费的参与程度达到了很高的水平。美国1989年的一项研究指出，陪同父母外出采购，90%的孩子至少会提出一件想买的东西。[24]

　　商家当然也早就认识到了孩子对家庭的影响。1905年发表在专业杂志《干货记者》（*The Dry Goods Reporter*）上的一篇文章就曾建议商店"通过孩子控制父母"，文章中这样写道："不需要强迫孩子买一件东西，只需要让孩子看到他们想要的东西，然后他们就会回家一直折磨他们的父母，直到他们得到那件东西。"[25]因此，在设计儿童用品销售区域的时候，商家从利益考虑，会让儿童更多地接触到产品，取悦他们、激发他们对商品的兴趣。由于孩子的成长和快乐对父母来说很重要，所以父母很有可能会对他们的要求做出积极的回应。可以说，在现代家庭里，孩子和商家是天然盟友，他们一起攻克家长的钱包。

　　广告商的策略是正确的。在美国，从1920年代开始，儿童杂志上常常出现向儿童宣传某些品牌和产品的广告。在招商文件里，《美国男孩》（*American Boy*）杂志把男孩子们称为"直销人员"，他们有无穷无尽的能量，而这些能量可以为品牌所用："当男孩想要某样东西时，他会闹得所有人都不得安生，直到他如愿以偿。"[26]小男孩往往健谈、热情、喜欢技术性商品，还能迅速记住推销话术并向全家所有人介绍，因此他们引起了广告商极大的兴趣，无论是收音机、留声机、冰箱还是汽车，都可能通过他们来促进销售。这种影响力中也包含着性别刻板印象，因为商家认为男性更喜欢新兴技术，更具有进步精神。"女性大众的消费大多都是为了享乐，而男性的消费则能关注到工业的发展。"[27]

孩子们很容易接受广告。在1990年代进行的一项研究中，美国学者收集了600多封儿童寄给圣诞老人的信件。[28]通过对这些信件进行分析，我们可以看到，大约85%的孩子在信中至少提到了一个品牌，当向圣诞老人索要礼物时，超过一半的孩子指定了品牌名称，如果一个孩子一次性索要多件礼物，指定礼物品牌的可能性也随之增加。一般而言，儿童对各种品牌和商品的关系、商品间的区别和流行度都更加敏感，因此他们极易被广告建立的感官联想所诱导。研究表明，8岁以下的儿童通常无法理解广告是为了商业推销，因此他们会把广告里的信息当真。[29]在20世纪的最后30多年间，随着电视的大众化，广告对儿童发起了更加猛烈的攻势。针对儿童的电视广告通常色彩丰富、充满活力、异想天开并配上动听的音乐："它们集中展示了儿童喜欢的各种元素，并大量运用重复、歌曲、音乐、幽默、身份定义和趣味表演这类技巧。"[30]儿童更容易记住广告的内容和标语，广告的刺激也会影响他们的消费习惯和品牌偏好，这些习惯和品牌偏好甚至会持续到他们的成年期。这就是为什么很多汽车品牌也会面向儿童做宣传，给小孩看汽车广告并没有什么可笑的，这除了可以影响他们父母的购买倾向之外，也可以对小孩成年后选购汽车的品牌偏好产生影响。

到了20世纪下半叶，一方面，儿童拥有了不少零用钱，逐渐形成初级市场；另一方面，媒体的力量也为他们提供了集体文化和意识，有了属于他们的想象社群。因此，面向儿童的营销活动也愈演愈烈。"玩具、广告和卡通是孩子们的通用语言。……孩子们互相炫耀彼此印有电影和电视人物的T恤和饭盒，也会自豪地向朋友们展示他们的生日礼物是从玩具反斗城购买的忍者神龟、芭比娃娃、蝙蝠侠或小马宝莉。孩子们都熟知这些广告、电视节目、电影和音乐，他们的媒体偏好和他们喜欢的商品是关联在一起的，因此，孩子们在这些产品身上产生了对消费文化的认同"[31]，商品便一举成为他们的共同语言。这也归功于电视，一些人将其称为"保姆机"，因为很多家长在做家务的时候为了让孩子不吵闹，就让小孩自己看电视消遣，这就等于忙碌的母亲把小孩委托给一群商人来看管，而这些商人负责对小孩进行消费教育。

于是，每一代孩子的成长环境里都充斥着最新的商业和技术，孩子们能很快适应当下的流行品味和最新成果。年纪大一些的人可能不太愿意接受新事物，因为这与他们的习惯不符，但孩子们不一样，他们未经世事，可以被商家随意摆布，攻克小孩要比攻克老顽固们容易多了。因此孩子成了市场的好朋友，他们是市场的回音，也是市场的探矿者。"年轻人为进步的车轮加了润滑油"[32]，在世代流逝、斗转星移间，新人替代了旧人、新观念替代了旧观念。

第九章

新消费精神：
漫长的 60 年代和市场的重振

1950年代，市场秩序显得越来越刻板和循规蹈矩，这些现象让不少人感到厌烦。作为回应，在所谓"漫长的60年代"[1]（指从1958年到1974年）中，一种崇尚独特、彰显个性的反叛文化出现了。但这种"新精神"非但没有破坏商业秩序，反而通过宣扬富有个性的符号物，充当了消费主义的帮手。

青年文化与从众焦虑

正如我们在本书第五章中所解释的，1880年代出生的一代是第一批能够在身心上从社群的束缚中解脱出来的年轻人。他们在远离父母的地方享受了专属于青年人的休闲时光，并塑造了独立的"想象社群"，他们不再追随父辈们的文化，而是产生了自我意识，拥有了自己的语言、文化和代码。同时，他们也引起了媒体的关注。1950年代的报纸为新一代人起了各种称呼："青少年""少年""年轻人"（adolescents, teen-agers, décagénaires, jeunes）等，世界各地都出现了青年文化，而且这些文化往往与一些图腾符号相关联，例如比尔海利与彗星合唱团（Bill Haley & His Comets）的音乐和詹姆斯·迪恩（James Dean）的服饰风格等。20世纪中叶的年轻人之所以可以找到自我定位并团结一致，甚至在全世界范围里共享同一种文化，那首先是因为当时的青少年可以体验消费全球化，因为全世界都卖着一样的牛仔裤、点唱机、皮夹克和晶体管收音机。他们的自我意识建立依靠市场，并受到市场的影响。到了20世纪中叶，差不多整个文化和媒体行业都找到了一套针对年轻人、吸引年轻人的策略。

于是，世界各地都出现了面向年轻观众的多媒体产品。在美国，所谓的"剥削电影"[a]和青春片都得到了发展；新兴的青年杂志如德国的《喝彩》（*Bravo*, 1956 — ）杂志和法国的《嗨！朋友》（*Salut les copains*，1962 — 2006）杂志也在很短的时间内就发行了超过100万份。1960年代，青年文化规模变得极其庞大，以至于还出现了专门的电视节目，比如1961 — 1965年在法国播出的 *Age Tendre et Tete de Bois*（稚嫩的年龄和木讷的脑袋）和1963 — 1966年在英国播出的 *Ready, Steady, Go!*（准备，稳住，开始！），这一切都证明了青年文化从一开始就是媒体和商业的文化。这套文化由音乐制作人、媒体老板、网络运营商共同掌控着、传播着。正是市场为年轻人提供

---

a 剥削电影（Exploitation film）是一种用抢眼题材作为卖座手段的电影类型，常以挑逗、性爱、暴力、毒品等题材为特色，这类电影往往被人批评缺少内涵、品质低劣。

了逃离家庭的机会,也是市场让他们可以进行远距离社交,形成他们的"消费兄弟会"。嬉皮士司图·阿尔伯特(Stew Albert)在反对越南战争的示威活动中曾这样说道:"我们是真正的兄弟,因为我们是听同样的广播节目、看同样的电视节目长大的。我们有相同的理想……影响我想法的人既不是毛泽东,也不是列宁或胡志明,而是《孤胆骑侠》动画片。"[2]这句话完美地表达了马歇尔·麦克卢汉(Marshall McLuhan)所说的"部落效应",由于电视等电子技术的发展,以前分散的青年们,现在团结在一个虚拟社群中。

  1950年代,市场发明了"青春期"这个概念,当我们翻阅当时的商业资料时,我们可以看到很多文献都通过统计学详细说明了年轻人的消费能力和倾向。由于人口飞速增长,年轻人的数量逐渐增多,人们的积蓄也较之从前有了大幅提高,再加上年轻人比长辈更容易产生购买冲动,商家于是把年轻人设定为征服的"新目标"。婴儿潮[a]一代的年轻人就在这样的市场里成长起来,广告商会通过专门针对年轻人设计的媒体向他们传播有针对性的信息,随时随地提供专门为他们设计的产品。商家倾尽全力为青少年细分市场提供各种商品、信息、流行符号、价值观和规范。市场助长了青年的独立,也让孩子与父母的心理和文化差异越来越大。

  市场和媒体的细分不仅导致了孩子与父母之间的冲突,也让年

---

[a] 婴儿潮(baby boom)一代指的是美国第二次世界大战后,1946年至1964年出生的一代人。

轻人自己的社群内部产生了矛盾。这种矛盾使得属于年轻人的大社群逐渐分裂为许多子群体，就像部落一样，这些分裂出来的每个小社群都有自己专属的代码和消费文化。1960年代初期的英国就有两个对立的群体，他们就是摩登派青年（mods）和摇滚派青年（rockers）。摩登派青年们喜欢绅士装扮，常常穿着紧身西装、三扣夹克、烟管裤和尖头鞋。他们继承和模仿着各种高雅的风格，如维多利亚时代贵族风格、法国新浪潮风格和意大利奢华（Dolce Vita）风格。他们喝卡布奇诺，听现代爵士乐和节奏布鲁斯，骑着韦士柏（Vespa）或兰美达（Lambretta）踏板车。而摇滚派青年则穿着牛仔裤、皮衣，佩戴各种金属饰品，喜欢听摇滚，喜欢聚集在一起，展现他们强大的男子气概，他们骑着硬朗的摩托车，就像飞车党。

年轻人的文化就是商业的文化，他们的群体身份通过服饰美学和标志物来表达。青年们的不同小社群都有各自认同的消费代码，而这些代码形成了一种传达态度和信仰的语言。在这里，我们也能看到"同与不同"的基本机制，只有通过对符号物的拥有和展示、通过购买特定的象征性服饰，青少年才能加入一个群体，也和其他群体划清了界限。这种"部落认同"有时还会导致冲突。1964年摩登派青年和摇滚派青年之间在英国多个城市的海滩上的大打出手，吸引了英国媒体的争相报道。然而，年轻人之间的暴力从根本上来说并不是什么新鲜事，青年帮派之间的血腥冲突自古以来就有了，然而，以前年轻人打架多是为了抢地盘、争土地，或者是为了向邻村人展示本村的力量，现在则大不一样。随着20世纪中叶年轻市场文化的出现，地域竞争被消费者行为引发的"部落"竞争所取代，现在的年轻人发生冲突是因为他们推崇的市场偶像不一样，或者是因为他们追求的标志物不一样。

1950年代的世界各地常有青年团伙暴力行为发生，如法国的"blousons noirs"（黑夹克）、意大利的"teppisti"（小流氓）、荷兰的"nozems"（刀）、德国的"halbstarke"（恶霸）、丹麦的"naderrumper"（裸臀），这些青年破坏者们手里挥舞着自行车链条和破瓶子，在街头打架和争斗，令人惴惴不安。尽管这些暴力群体极为少数，但他们却引起了整个社会对青年人的质疑。当时的报纸上有很多社会学家、精神病学家和教育家对"青年叛乱"发表评论。他们认为这种帮派暴力似乎没有动机、非理性，所以就显得更加严重和难以置信。人们把他们称为"无缘无故的叛逆者"，这些年轻人既不为党派也不为宗教而争，他们为什么会如此躁动、如此具有破坏性、如此愤怒？他们到底想要什么？为什么那些看上去什么都不缺的年轻人身上会有这种情绪？

于是，分析家们试图通过这一代人的偶像找到问题的答案。《飞车党》里的马龙·白兰度（Marlon Brando）、《无因的反叛》中的詹姆斯·迪恩都是青少年追捧的典型。这些电影角色都是反抗成人世界、拒绝墨守成规的形象，很有独特性。他们四处流浪、找寻自我。这种生活态度在一些年轻人中引起共鸣，这些角色也成为他们想要成为的人，于是他们模仿这种冷漠、挑衅的态度，似乎这样就可以无形间离这种形象更近一些。科普弗曼（Copfermann）分析说:"不同于以前流行的'异域'超人形象如人猿泰山、佐罗等,新的流行故事更乐于塑造平日生活里的英雄。当他们在类似现实的场景中出现时,对人们的影响力就更加显著,也显得更易接近了。"[3]当时所有年轻人的亚文化都有一个共同点,就是拒绝传统而严肃认真的文化,他们用叛逆的态度反抗着上一辈的墨守成规,他们提倡随性、坦率、超脱……简而言之就是"酷"。任何形式的不服从和挑衅都会引起年轻人的兴趣,小到剪个古怪的发型、大到恶劣的违法行为,都有人敢去尝试。那时,新流行的摇滚舞也为这种解放的渴望提供了一个物理出口。詹姆斯·迪恩之所以成为那个时代青年的主要偶像,正是因为他体现了像他的电影标题里所说的那种"无因的反叛"。他终生追求着浪漫的叛逆和虚无主义,直到24岁因车祸而逝世。

在新兴的大众社会中,自主性和个人自由更加难以维护,这也许是年轻人有如此大情绪的原因。1950年代,生存焦虑无处不在,人们的生活在工业的影响下变得标准化。在大型公司的控制下,工作与消费各占据了人们生活的一半。现代社会是组织性极强的社会,破坏了不少个性。自1920年代以来,广告又为人们增添了更多的焦虑。微笑和整洁的家庭、奇妙的家用电器、完美的住宅、修剪整齐的草坪、锃亮的汽车,这些场景成了美好生活的模板,但也是一成不变且毫无个性的噩梦,人们的自主性被掩埋在了从众行为之下。

于是,人们产生了普遍的"意义危机",并开始拒绝墨守成规。

这种心态弥漫在整个1950年代的美国。那个时期，很多小说都描绘了主人公是怎样陷入日常舒适圈里的，其中最有名的作品之一就是斯隆·威尔逊（Sloan Wilson）的畅销书《穿灰色法兰绒套装的男人》(*The Man in the Gray Flannel Suit*)，该书于1955年出版，随后于次年改编为话剧。在这部小说中，一位二战老兵一直保留着他旧时的经验习惯，穿着过时的装束，做着一份小行政人员的工作，努力过着他单调的生活。当时的另一本畅销书，大卫·理斯曼（David Riesman）的《孤独的人群》(*The Lonely Crowd*)则解释了富足生活是怎样影响普通人的心理的。根据书中的观点，在现代社会中，人们做出决策更多的是"外因决定"而非"内因决定"。理斯曼用学术语言表述了对从众的极大恐惧。当时其他畅销书作家也都有类似观点的作品，如C.赖特·米尔斯的《白领》(*White Collar*, 1951)，威廉姆·怀特的《组织人》(*The Organization Man*, 1956)，约翰·肯尼思·加尔布雷思（John K. Galbraith）的《富裕社会》(*The Affluent Society*, 1958)。其中一本书格外畅销，把当时人们的焦虑情绪表现得淋漓尽致，这本书就是于1957年出版的万斯·帕卡德的《秘密说服》。我们已经在第七章中提到过这本书了，最初就是这本书谴责广告有操纵他人的能力，声称广告可以向消费者销售他们不需要的产品。帕卡德的文章还特别提到了"潜意识广告"的存在，也就是在一些非广告的作品（如电影）中悄悄插入广告信息，从而在不被发现的情况下引发公众的消费欲望。《秘密说服》的作者把广告描写为一门可耻的技术，但是如我们第七章里提到过的，广告的效力实际并没有那么大[4]。但无论如何,帕卡德的论调是符合当时人们的普遍观念的,在当时的氛围中,人们都相信广告拥有洗脑和催眠的力量。

压抑与自我探寻之间的斗争

于是,在这种焦虑情绪蔓延的漫长的60年代,一种批判从众的新思想流行起来了。这种理念从存在主义中汲取了灵感,并很快成为一种主流观点。这些理论家包括法兰克福学派的霍克海默(Horkheimer)和阿多尔诺(Adorno)、信奉弗洛伊德主义的马克思主义的赖希(Reich)和马尔库塞(Marcuse)以及情境主义者德波(Debord)、瓦内格姆(Vaneigem)和列斐伏尔(Lefebvre)。他们将各自的理论因地制宜地运用着,但这些想法最终都汇流到了一处:异化。这套时髦的论点[5]被当时的很多评论家所用,他们认为资本主义操纵了人们的享乐心理、制约了人们,让人们变得被动和从众了。

该领域的一部著名作品就是赫伯特·马尔库塞于1955年出版的《爱欲与文明》(*Eros and Civilization*)。在这本书中,马尔库塞批判发展了弗洛伊德"文明以持久地征服人的本能为基础"的观点。马尔库塞认为,在人类历史中,最初对欲望的压抑是必不可少的,因为那是生存和生产的需要。但是随着技术的发展和人们对劳动掌握程度的提高,生产所需的劳动时间大大减少了,这种压抑就变得非理性了。人们现在能从异化劳动和牺牲中解放出来，但社会对人类的束缚仍然很牢固，现在它通过种种社会制度维持。这就是马尔库塞所谴责的"过度镇压"的非理性和无用，他认为这会最终导致废除它的反抗。

从这个新视角来看，这场斗争是在意识形态的层面上自觉进行的，而不是在经济政治层面发生的。这些新左派思想家所述的革命理想不再是推翻国家机器、夺取统治权以实现社会主义。革命的目标和意义不再是破坏资本主义经济体系，而是要求解除资本主义对人性的压抑和异化，从而实现人的真正价值。这是一个巨大的转变。新左派的个人主义理想，与正统的马克思主义是对立的。个人主义的左派人士希望的"新新人类"（nouvel homme nouveau）是一种能从集体和集体所暗示的必要的从属关系中解放出来的存在。他们的矛头不再指向有产阶级本身，而是指向一种压抑人性的资产阶级心态——它体现为将压抑内在化的清教主义。为了实现内心的解放，他们提倡与人们心中根深蒂固的压迫制度作斗争。与资本作斗争，就是与异化作斗争，就是与最原始的人类本真重新建立联系。这种新兴的政治意识形态以治疗和自我为中心，希望通过愉悦、想象、享受活动来改变自己，而这些活动实际上也是压抑制度的一部分。

本性的解放、欢愉和享乐主义在罗斯扎克（Roszak）眼中都是"被压迫者的精神解放"[6]。正如欧内斯特·阿尔芒（Ernest Armand）所说，新左派的观点实际上和本世纪初的存在主义无政府主义原则有异曲同工之处,他们都在"找寻、挑衅、品味、欣赏撩人的情绪、激动人心的感觉、强烈的愉悦、令人眩晕的冒险,它们都是生活给自信者和喜欢热情、生动、自由愉悦的人的馈赠……"[7]这是从共产主义革命到阶级内部革命、从工人阶级到自我阶级的转变。这一切尤其在法国1968年"五月风暴"中得到体现,人们高呼:"越做爱,越想革命;越革命,越想做爱。"那些自发的激进革命者宣称:"在把资产阶级赶上街头之前,要先把它赶出脑袋。这就是革命的过程!"[8]

1960年代出现这种具有激进和主观性的思想被称为"反主流文化"(contre-culture)。在这种思想影响下,人们为了"换一种生活",而采取与资产阶级标准相反的生活方式。因此,革命成为一种存在方式和生活方式,最终也成为一种消费方式。反主流文化也有其深刻的商业意义,而且是以一种非常疯狂的方式来展现的。人们将物品作为一种语言,而购买一件商品则是为了表达自己的真实和反叛。为了让外部的人们了解革命,革命者有必要通过大肆展示反主流文化和自己的新潮态度,来表示对资产阶级和传统社会的拒绝。

在这种反叛模式中,年轻人和对社会不满的人们崇拜着一些边缘化的英雄形象。那些蔑视社会标准的人显得更真实,他们不和资产阶级标准同流合污,甚至他们的存在本身就打破了资产阶级的标准。在美国,不法之徒、犯罪者以及马龙·白兰度这样的银幕偶像激励着摇滚小青年,就像法国暴乱者们崇拜博诺(Bonnot)黑帮一样,正如嬉皮士杰里·鲁宾(Jerry Rubin)写的那样:"《雌雄大盗》里的邦妮·派克（Bonnie Parker）和克莱德·巴罗（Clyde Barrow）成了青年人的偶像。"[9]这些传奇形象都热烈地追求着真实和纯粹。当社会已经习惯了资本主义的规范，对旧有社会习俗的侮辱行为就被看作是一种激进的政治行为，而罪犯则成了所谓的抵抗战士。反主流文化尽管被传统的马克思主义左派所鄙视，但这些追随者其实就像流氓无产者[a]一样既浪漫又冲动。从那时起，不少西方青年喜欢穿着像抢劫犯一样的"黑夹克"，这种看着像"暴徒"的打扮，吓坏了老一辈人。穿着优雅的摩登派青年其实也在模仿伦敦街头的夜店装束，而嬉皮士则像乞丐一样穿着破布。在这些截然不同的风格中，年轻文化汲取了专属于他们的代码，他们追求独一无二，追求风格。

边缘化的形象和反叛的形象在人们心中形成了一种新的想象、新的风格，人们产生了加入其中的愿望，因为这样可以显得独特。这和我们在第三章中提到过的资产阶级为了让自己显得出众和独特而做出的"慕洋"行为有类似之处。对于1960年代的年轻人来说，加入少数派、参加激进的活动、让自己显得高深莫测，都能为自己的身份带来象征性的优势。反主流文化的推崇者"既不是资产阶级也不是无产阶级"，他们是"边缘化的"、"在别处的"、"平行的"、地下的、"体制外的"。[10]

---

a 流氓无产者指旧社会中破产的农民和失业的手工业者等，常常以不正当的活动（如偷盗、欺骗、恐吓等）谋生，出自马克思、恩格斯著作《共产党宣言》中"流氓无产阶级"一词。

同时代的"波西米亚艺术家"们也一样表现了对"独一无二"的追求。我们此前已经在19世纪原始消费者形象的章节里介绍过他们了。波西米亚艺术家极具独创性和创造自我的能力,他们不满资产阶级惯有的那种谨小慎微,而是致力于美和充满激情的创想中。他们追求的那种艺术,与所谓的优良传统相距甚远,波西米亚艺术家的形象既像是一个饱受折磨的酒神、一个被禁锢的怪人,又像是一个被家人抛弃的极端主义者,与社会毫不相融。他们为了追求艺术,不惜冒险和违法,并沉溺于酒精、毒品和疯狂之中。他们既像是循规蹈矩的破坏者,也像是新社会的助产士,康斯坦特·纽文惠斯(Constant Nieuwenhuys)曾这样评论道:"从事创造的艺术家必须要扮演革命者的角色,要摧毁空洞而烦琐的旧时代美学,以唤醒我们每个人被忽视的创造本能和潜力。"[11]

艺术家是终极的反叛者、越轨者,随着反主流文化的兴起,波西米亚艺术家们所做的工作如绘画、写作等,已经成为一种生活方式和一种姿态。在他们的世界里,艺术家通过一系列行为和态度让自己显得与众不同,从而表现一种独特之美。因此人们要学的,是像艺术家一样穿着和生活,而不是真的去成为一名艺术家。对艺术家的模仿成了一种反资产阶级和反规范的理念、一种追求离经叛道的流行趋势。像这样,1960年代的年轻人们热烈地拥抱"艺术家风格",追求着"独特就是好"的理念,就像19世纪的丹迪主义者一样。这一系列追求独特的行为最终都成了消费动力的基础。人们要想拒绝做普通人,就要通过拥有某些东西来证明自己远离了庸俗。

虽然这一切都属于反主流文化，也是反资产阶级美学的表现，但这些行为仍然遵守了资产阶级消费主义的基本原则，也就是为了让自己出众而消费。因此它们背后的机制是一样的，只是判断标准变了。

边缘人、小混混、艺术家听起来都是一些"酷酷的"角色，其实他们都可以被视为丹迪主义者矩阵形象的变体。和丹迪主义者一样，他们都追求一些特定的彰显身份的符号物，并抱有玩世不恭的态度，从而显示他们的与众不同。因此，反主流文化的本质也是一种消费文化，因为它基于人们的自恋和展示欲望，基于人们想向外界展示出自己所拥有某些符号和特点。所以，反主流文化也一样要遵循既定规矩，需要通过特定的符号物，来展现玩世不恭和不循规蹈矩，通过让自己与众不同来获得一些社会收益，从而抬高自己的身份。所谓的"酷"，意思就是随时随地都保持一种假装冷漠的姿态。这种"酷"文化彰显着一种傲慢和讽刺的情绪，有着丹迪主义的风格，是一种对自我形象的塑造，激烈、超脱又叛逆。

反主流文化构成了一种对立的美学，在这种美学中，个人不是根据他们的生产角色来定义自己，而是将自己定义为渴望和象征的主体。这些人之所以能够全身心地投入到对浪漫和艺术的追求中，是因为生产能力的增长和商业规模的扩大。正是因为西方经济在漫长的60年代达到了前所未有的繁荣程度，青年才可以"逃离平庸"，去追寻和体验浪迹天涯的生活，而不必担心基本的衣食住行。那些追求流浪的年轻人大多属于中产阶级，他们的家庭为他们提供了富足的生活，所以他们才有钱投身于嬉皮士运动、寻找乌托邦。当那些追求小众的人们不远万里到尼泊尔去旅行时，也是凭借着美国经济和美元的强大，才可以在当地每天只靠1美元生活。而与此同时，嬉皮士运动的领导者艾比·霍夫曼（Abbie Hoffman）和杰里·鲁宾则在华尔街举行的一场节日活动期间不计后果地烧掉美元，呼吁消灭金钱。同样在那个时代，在美国最富裕的州之一加利福尼亚州，反主流文化集体"掘土派"（Diggers）[a]也出现了。他们倡导的"free"既是"自由"的意思，也是"免费"的意思。在旧金山，他们开设了"免费商店"（free stores），任何人都可以在那里留下商品或拿走商品。对此，爱丽丝·盖拉德（Alice Gaillard）评论道："那都是因为美国太过富有了，人们随地都能捡到富裕阶层丢下不要的东西。……1966年的美国'掘土派'掘的并不是真正的土地，而是城市人挥霍和浪费的剩余物。"[12]

反主流文化的追随者们都有一个共同点，就是寻求原始和本真的自我。为此他们用上了不少时下的"自我技术"，例如"新纪元医疗理论"就结合了心理学、精神分析、东方神秘主义和西方宗教的各种理论。这一系列理论被称为"神秘深奥的星云"[13]，对其做出贡献的有1962年成立的伊莎兰学院（Esalen Institut）的人文心理学科，以及1971年创建的艾哈德研讨训练班（Erhard Seminars

---

[a] 1960年代的"掘土派"是一个激进的社会活动团体，由活动家和街头剧团的演员等组成。该团体的名字取自17世纪英国资产阶级革命时期的一个空想社会主义派别。

Training, EST）。这些心理疗法促使人们进一步探索和寻找自我，目的是让参与者意识到自己的潜力，帮助他们找到被压抑的原始自我。当他们找到自我后就得到了解放，也就找到了专属于自己的个性，从而可以更好地表达自我、更好地去爱、更好地建立深厚的人际关系。类似的心理辅导课程通常以会议和谈话小组的形式开展，参与者会在"治疗师"的指导下通过心理剧、歌曲、按摩和冥想进行互动。

对成规的反抗带来经济价值

在漫长的60年代发展起来的多种反主流文化都在不同程度上有着存在主义的特征，追求本能和愉悦，甚至追求无政府主义，反对官僚、冷漠和压抑的社会。在某种程度上，反主流文化的追随者都试图实践马尔库塞在《爱欲与文明》中的理论，即要反对资产阶级就要去攻击资产阶级的基础心态：严谨、朴素节俭和因循传统。从更政治化的角度来看，一些人认为对上层建筑的攻击可以蔓延到对经济基础的打击，一旦摧毁资本主义的生产主义精神，就可以推倒整座大厦。资本主义经济体系不仅仅是一种资本自我产生的模式，它的价值体系不是一成不变的，资本积累的逻辑可以容纳所有不从根本上反对它的意识形态。

所以，反主流文化和自由主义意识形态其实对资本主义的繁荣起到了促进作用。解放自己的欲望也就等同于让消费欲望自由发展、需求也就无限增长。正如我们所见，人们对自我的追求、对表现的渴望和对规范的反抗助长了"同与不同"机制，使得人们越发倾向于通过物质来实现自我表达、自我展示。因此，反主流文化的"情绪"是资本主义经济的强化剂，它打破了保守主义的秩序、刺激了商业。同时，这些借助符号物展开的斗争和人们对自我的追求却并没有对政治产生真正的影响，人们不断强调这些意识的解放，但是却对革命最基本的价值问题、制度问题、生产和利润的分配问题避而不谈，显得不痛不痒。

60年代的年轻人抛弃了老一辈的储蓄习惯，也抛弃了节俭、远见和禁欲的精神，他们的新心态变得更适应现代社会。这是工业发展刺入并打破人类社会的体现，物品在全球被复制、被广为传播，加速着人、商品和他们的形象的流动。这一代人之所以成为旧式严谨保守心态的反对者，并不是因为他们更加成熟理性，而是因为1960年代的年轻人就是在物质的时代长大的，这一切都使他们的意识形态转变，并感受到所谓的压迫感。正如我们在第五章中看到的那样，60年代的年轻人的精神上层建筑是与其经济基础紧密捆绑在一起的。这种精神上层建筑具有双重性，既包括生产和工业关系所依赖的严谨和理性的一面，又包括通过消费支持自我表达的浪漫和冲动的一面。这"两种对立但互补的论调构成了一套现代观，一面是功利主义，另一面是浪漫主义"[14]。

这种双面性在很大程度上相互融合着。反主流文化者的理想首先是成为一个独立的个体，一个不可分割的、真实的存在，一个享受生活、创造自我的主体，一个现代的、有成就的、不可简化的主体,作为统计数据在社会规律之外发展。但这种对原始或本真的幻想本身就是一种"鲁滨孙式文学"(robinson nade)[a]:不切实际的自我欺骗,仿佛人可以摆脱社会主导、摆脱一切外界约束。反主流文化运动的内涵就是对个人主义和自由的追求,反主流运动在不知不觉中加入了古老的美国个人主义——这种个人主义庆贺着美国先驱、枪手和他们的西进运动。在反主流文化价值观中,人们对国家和政党不信任,更加自我,更想要"选择"的自由。这些价值观在1980年代撒切尔政府和里根政府的时代被理解和接受。

反主流文化的支持者经常谴责那些把反主流文化变得商业化的举动,他们认为这是商业社会试图"招安"这些新兴文化的手段。在他们看来,机会主义的商家们为了一己之利,榨干了反主流文化的创造潜力。也就是说,他们认为商业创造出来的"山寨的"商业反主流文化,是不同于真正的、原创的反主流文化的。市场体系就像邪恶的普罗透斯,把反对论点统统同化,并从中获利。不过,这种"招安"论里提到的"原始而纯粹的反主流文化"实际上是不可能与商业分开的。因为正如我们之前解释的那样,反主流文化从本质上就是商业的,它只能在基础设施完善、通信发达、市场成熟的情况下才能得到发展。摇滚乐队只能通过录音广播技术才能在世界范围内传播,只有经济基础完善了,猫王(Elvis Presley)才能登上电视、影响无数反主流文化爱好者。

---

a 喻指"写实地"、以假乱真地描绘想象的事物。

新兴的青年文化也是媒体全球化的结果。如果没有媒体的大量曝光，那些亦是艺术亦是犯罪的各种过激行径也就无法传播开来。那时候很多报纸、杂志、广播和电视都试图通过积极报道这些青少年的出格行为来吸引眼球，甚至把一些小众文化故意夸大："垮掉的一代"、黑夹克、因为《爱之夏》(*Summer of love*)电影而引发大规模模仿的嬉皮运动等。因此，媒体可以说是"另类"文化的第一推手，而市场则向年轻人贩售这些文化。

年轻人往往在咖啡馆、爵士酒吧、夜总会等地聚集，而这些社交场所都是商业化的。年轻人青睐的流行风格则都是由先锋服装精品店引领的，这些受到欢迎的时装也因此占据了市场的一席之地。另外，1960年代后期流行的盛大音乐节上也处处是商业，年轻人喜欢的音乐节上不仅有演出，还有数不清的商店和小商贩。正如第五章所述，正是从这一代年轻人开始，休闲活动发展为一个专门的行业。以前的人们在家附近的小社群里和各个年龄段的街坊邻居们一起休闲，而后来的年轻人则更喜欢在专门为娱乐而设计的商业空间里游乐。这些新的商业设施为年轻人们提供了属于自己的天地，让他们从社群中独立出来，自由生长。因此，当反主流文化的小青年们谴责商业对文化的"招安"时，他们没有意识到，商业其实从始至终伴随着他们文化的成长。商业让年轻人群体从小众的、不起眼的地下市场变为清晰的主流市场，这其实是经济发展的正常过程、是正常的市场增长趋势。真正的问题是，随着反主流文化的广为传播，这种文化失去了其与众不同的个性。当一种标志物变得

"流行"时,它的象征性价值就减少了,也就是说,它不能让其拥有者感受到出类拔萃了。因此,从这种角度看,那些反对小众文化商业化的人其实和第三章的资产阶级收藏家持有一样的心理,当他们看到那些他们所瞧不起的、未受过教育的小资产阶级也掌握了他们的兴趣爱好时,他们就会感到恼火,并立刻要去找一些新的方式让自己重新变得出众起来。

1960年代的特别之处是人们不再将领土或阶级视为最重要的事情,取而代之的是消费习惯成了重中之重。"社群"不再局限于人们的原生地,也和人们从事的生产无关,人们住进了各种虚拟的、全球化的社群,而入场券就是用于包装自我的符号。这些消费者部落让年轻人可以自愿选择自己归属的群体,而越是那些距离日常生活遥远的群体,就显得越有价值。人们既可以加入穿衣打扮都有着上层阶级色彩的摩登派青年阵营,也可以加入嬉皮士,像不修边幅的底层人群一样随意放荡。这就是19世纪末新市场社会的形象,人们的地位全都取决于外表。"当我戴着一顶我喜欢的帽子出门时,这不仅表达了我的心情,也展示着我的风格。人们就这样彼此欣赏着各自的风格,并互相回应。……这些行为从整体上来讲不是联合一致的,而是有来有往的。当我们做某些行为的时候,重要的是要有其他人在场见证,这样我们做这件事才有意义。……城市里的人们就是这样开展着交流。"[15]

市场已经逐渐具备了给予消费者某种身份的功能,多种多样的商品美学对社会产生了翻天覆地的影响。这是市场细分的时代,市场被划分为不同的买家群体，商家据此提供差异化的产品。通过向特定消费者群体传播特定信息、图像和产品，商家逐渐建立起了一种针对特定人群的消费文化，从而加深这类消费者群体的思维定势。这种对消费者群体的划分和定位也不断改变着人们。

细分市场使得一家公司可以利用市场中的所有机会，为每个群体提供相应的品牌、风格和产品（第一章里我们就提到过多芬和凌仕这两个联合利华子品牌的矛盾性）。细分还可以使消费行为不断建立和推延。因为人们不再追求统一的风格和形式，而是根据时下流行的多样化风格，以及消费者想展现出的身份来完成消费行为，于是，在这种环境下，一个新风格很快就过时了，商品的流通更加迅速。当每个新的小群体建立时，他们都希望与其他人截然不同。例如，朋克运动就是嬉皮士风格和价值观的完全颠覆。不管再怎么惊人的新玩意儿，一旦在市场上推出，大家很快就习以为常、不以为奇了。当旧的时髦商品变得"烂大街"，人们就需要再一次寻求让自己出众的消费方式。在反主流文化体制下，人们追求的符号物从贬值到更新的流程越来越快，时尚周期也比以前更短了，这一切都进一步刺激了生产。所以说，人们反墨守成规的心态（anticonformise de masse）其实比标准化和统一的社会更适合资本积累。

新消费精神的广告语言代谢

广告商在20世纪上半叶的广告活动是反主流文化者所厌恶的。那个时候，商人用一种居高临下的声音向大众展示新产品，申明应遵循的规则和标准，告诉他们只有买了某件商品才能融入社会。这是一种专制的、家长式的广告，他们不断推出"最高级"的东西来教导被动和懒惰的大众应该怎么做。这种在20世纪上半叶占主导地位的广告形式在1960年代崩溃了，从此，广告修辞发生了巨大变化。

最能体现这场"文化革命"的广告就是1959年由恒美广告公司（Doyle Dane Bernbach's, DDB）为德国汽车品牌大众（Volkswagen）制作的广告。这些广告没有遵循以前主流市场广告的基本原理，也和汽车行业的既定准则相悖。直到1950年代末，汽车广告主要是一种权力想象：它们赞扬机器的技术卓越、动力高效和给驾驶者带来的威严，通过各种图片展示车身的闪亮外观、舒适的内饰和发动机的能量。在这种广告带来的想象中，汽车是卓越的符号、成功的象征。然而，大众汽车采取了相反的表达方式，推出了极简的黑白广告，广告中的汽车以小巧而低调的方式出现。在大众汽车最著名的广告"小处着手"（Think small, 1958）中，展示了著名的甲壳虫汽车，广告里的车子很小，孤零零地待在空白页面的中间。大众汽车甚至还做了广告，自嘲简陋："量入为出，量力而行"，自嘲狭小："它让你的房子看起来更大"，自嘲难看："丑陋，缓慢，吵闹，昂贵"。而这种自嘲式的谦虚是相当叛逆的,因为它其实讽刺的是整个汽车工业和美国大品牌(凯迪拉克、雪佛兰、庞蒂克等)的"计划废止制"[a]。当其他品牌每年都提供新型号的汽车、配上越来越奢侈的各种颜色和装置时,大众汽车却反其道而行之。

1960年代,大众汽车的叛逆之举导致许多汽车制造商也重新调整了策略,纷纷模仿DDB开创的反主流文化和反主流宣传的风格。沃尔沃在1964年曾愤世嫉俗地宣称自己的车是"不爱车之人的汽车",并以此嘲讽那些每年更换汽车的人。1965年之后,美国制造商们也改革了他们的广告文案,开始宣扬一种幽默的、不墨守成规的、个人主义的文化。比如道奇(Dodge)汽车就因为"你准备好加入道奇叛乱了吗?"的广告语被誉为独立和叛逆的象征。因此,人们对循规蹈矩的反感和反主流文化的兴起并没有给广告业带来多大的困难,只需要调整广告的语言风格,就可以很好地适应新的文化。如果墨守成规令人厌恶,那么广告就可以变得不墨守成规。如果公众不喜欢汽车广告强调身份地位,商家就可以通过广告反对身份地位论。这是广告从刻板到时髦的转变,广告的内容也不再遵循古板的老一套,变得更加轻松顽皮,更加符合时尚流行的节奏。这类广告提出了一个悖论,它号称某种新的消费方式是为了让人们不要被旧有的消费所捆绑,这个看起来荒唐的论点完美地消解

---

[a] 由通用汽车公司总裁斯隆和设计师厄尔提出的汽车设计模式,主张在设计新的汽车样式的时候必须有计划地考虑以后几年之间不断更换部分设计,每三到四年有一次大的变化,造成有计划的"式样"老化过程。

了人们对消费的批评，这就是"麦迪逊大道[a]对万斯·帕卡德[b]的回应"[16]。广告口号仍然存在，但它们现在强调的是自由，而不再是卓越，他们的言辞从"我们的产品是最好的"这类说法，改为了鼓励消费者"做真实的自己"。

在这样的转变发生后，广告商也随之改变了角色和姿态，他们不再是向大众传授市场价值的权威，而是赞美本真的幽默大师。通过各种自嘲、反讽、超然和无礼的广告言论，广告商拉近了与受众的距离，并以一种相对友好的姿态出现在大众面前。因此广告变得反主流、变得酷了起来，它们不再展现规范、制度、大众社会，而是成为上述这些东西的反对者。1960年代初期的广告商以反主流文化风格重塑身份和广告语的行为，其实就是商业广告商的核心，即掌握时代潮流、抓住最流行的符号、构建和产品相关的联想。

然而，广告商是刻意借用反主流文化的修辞吗？历史学家托马斯·弗兰克（Thomas Frank）认为，这种广告语的转变，即这场"文化革命"，其实在1965年就完成了，也就是说，早在反主流文化思想在媒体中占据一席之地并为所有人所知之前，广告商就已经开始转变了。"1960年代后期的反主流文化广告，很容易被人解释为是对反主流文化的'回收'，但是实际上那些广告的方式与最初

---

a 麦迪逊大道是北美最大的豪华高端购物区，美国许多广告公司总部都集中在这条街上，此处代指美国广告业。
b 万斯·帕卡德是一位美国学者，曾猛烈抨击美国汽车工业及其带来的废料污染问题。

大众汽车广告里时髦的消费主义是一致的。"[17]根据弗兰克的说法，广告和整个商业世界都是促进反主流文化思想诞生和传播的因素。然而，其他历史学家则认为是广告商在旧有广告越来越低效时，盗用了反主流文化的代码用于广告。[18]

很多人认为反主流文化意识形态在广告辞藻中被滥用，其实从另一个角度看，是因为广告在个人主义和自由主义的传播中发挥了核心作用。比如美国1968年的著名抗议者杰里·鲁宾发表的宣言似乎就借鉴了不少广告语的造句方式，他说："革命是新人类的创造。革命意味着新的生活。在地球上，在今天，生活就是生活，革命就是革命。"[19]那时很多新左派群体（如嬉皮士和掘土派）都喜欢用简短有力的句子当作口号，这些句子只是单纯地连在一起，没有任何论证结构。这是一种由挑衅和断言组成的语言系统，茱莉·史蒂芬斯（Julie Stephens）认为，它更像是"广告语和牛仔电影的混搭，而不是左派的宣言"[20]。美国新左派的这种措辞与几十年来主要品牌的广告口号之间有着显而易见的语义联系。杰里·鲁宾的"去做吧！"（Do it!）就可能来自耐克（Nike）的"Just Do It"。自1960年代以来，很多广告语都以自发的表达和不妥协的个人主义作为基本原理，例子数不胜数：苹果（Apple）的"非同凡想"（Think Different）、雪碧（Sprite）的"为做真实的自己许诺"、锐步（Reebok）的"我就是我"、麦当劳的"来吧！就是你！"（Venez comme vous êtes）等。现在典型的广告语都是在宣扬人们"成为自己"，并将商品尊为解放自我的工具。

于是，反墨守成规成为商业传播新的根本轴心，最好的例子就是苹果。苹果的品牌资产十几年来都在一众跨国公司中名列前茅。自公司成立以来，苹果公司就一直喜欢"讲故事"，而这些故事都致力于建立和维护该公司的叛逆形象。在Macintosh（麦金塔，常用简称Mac）发布的1984年，苹果委托导演雷德利·斯科特（Ridley Scott）以《1984：麦金塔》为题制作了一则电视广告，展现了一个工业化和反乌托邦的宇宙。在礼堂中，巨大的屏幕上是一个有着乔治·奥威尔小说风格的"老大哥"，他对着昏昏欲睡的人群发表傲慢的演讲，这时，礼堂里一名年轻的女运动员跑了过来，她身着红色短裤和白色麦金塔上衣，身后是士兵在追赶，但她还是用尽全力用大锤摧毁了巨大的屏幕。然后画外音评论道："1984年1月24日，苹果将发布麦金塔，你会明白为什么1984年不会像小说《1984》里那样。"在这个想象中，代表极权主义力量的"老大哥"指的就是IBM，它的形象是冷酷的、工业化的、没有灵魂的。而苹果则是那个解放者，它把计算机的控制权从大企业和政府的魔掌中夺走，供给大众使用。苹果公司从始至今一直热衷于这种"讲故事"式的广告宣传，目的是告诉大众，苹果公司不是一家私人营利机构，而是旨在"帮助人们凌驾于最强大的机构之上"[21]。简而言之，苹果几十年来的所有言论都恪守着反主流文化的信条，与其他墨守成规的电脑用户不同，苹果用户仿佛拥有艺术家、反叛者的身份，他们通过购买苹果电脑，彰显自己复杂而难以捉摸的个性，因为他们就像苹果的口号一样，有"不一样的想法"。

因为这些有反叛意识的品牌，市场不再像以前那样强调规范，大企业们也不能再像20世纪上半叶那样，以家长的口吻来说教了。它们摇身一变，装扮成摇滚歌手、说唱歌手或具备时下流行元素的各种形象，以这种方式来迎合时代思潮的变迁。由于1960年代的种种转变，以前那些被认为不正常的边缘群体成了品牌们争相联合的对象，并给品牌带来了无价的象征资本。

第十章

超级消费者:
呈指数增长的未来

如果本书对消费史的介绍到1960年就结束的话，有人可能会质疑，在此之后的半个世纪里，难道没有商业领域的新发展吗？但事实上，我们会发现，在1960年之后，一切新的发展都只是在重复和放大已经发生的现象。作为结论，我们将在最后一章里整体介绍本书中分析的所有现象是如何在近两个世纪以来呈指数增长的。

让我们回到本书最开始的部分：商品流通。自19世纪公路发展和铁路建立以来，商品流通的速度稳步加速。尤其是从1960年代开始，在贸易发展和科技发展的推动下，商业更加不受时空约束了。在20世纪中叶的港口，货物的运输仍然大量依赖码头工人的体力劳动来完成，靠人力把各种木桶、板条箱和捆装货物装船和卸下，这个过程往往需要数天时间。到了1970年，货物的装卸就逐渐不需要人工了。现在，港口的商品都是被放在集装箱里，由起重机从运输卡车上卸下，再装到货船上，卸船的时候也是一样的操作。这样，几吨货物在几十分钟内就装载完成了，短时间内就完成了以前码头工人要干上好几天的工作。[1]

海运的现代化使得商品生产全球化的进程也更快了。中国的棉花会运到孟加拉国，由当地工人制作成T恤，再运到法国的连锁商店里销售。在现代，这一趟旅程的运输成本并不算高，再加上劳动力非常便宜，所以利润还是可观的。另外，大公司开始将越来越多的生产外包给多个分包商，这些分包商也参与了当地的规模经济。由于货物的运输不再是障碍，因此物流不再制约商业发展，企业家们则开始筹划利用物流来以最佳成本生产产品的每个组成部分。例如，智能手机生产商为达到优化生产成本的目的，把手机的主板、电池、屏幕拆分给世界各地的分包商制造，而分包商的上游则是各种矿业公司。

全球货物流动的密集化也依赖于信息技术及其计算能力的不断强大。在现代的商业港口，是由计算机来组织集装箱的装卸货、监控运输和优化存储空间的。同时，信息技术还提供了企业与其客户之间联系的接口，全球银行网络的运营可以保证交易付款的顺利完成，银行卡和ATM等电子设备也为快捷支付提供了支持。信息化管理的数据库让企业可以同时处理大量订单和送货任务，也正是基于此，亚马逊（Amazon）和阿里巴巴这类电子商务公司每天才能够处理数百万个订单。

随着基础设施建设的加强，人与商品之间的心理和现实距离都缩小了。让我们假设一个人在不同的年代要买一本书。1990年代的人在听说一本好书后会仔细记下书名和作者，几天后，他得步行到市中心的书店去订购，书商再根据顾客的需求从经销商处订购这本书。一周后，书店给客户回电告知这本书到货了，顾客便可以在下次有空时去购买。2010年代的人们则以完全不同的方式买书。在听到一本有趣的书后，他只是动动手指就用智能手机购买了这本书。如果他特别急于要读到这本书的话，还可以加急24小时内到货，或者买立刻可读的电子书。这种购买流程的缩短是靠着海运集装箱化和信息技术的发展才实现的。从消费者的角度来看，它减少了，甚至消灭了等待。人们对商品的欲望不再受到流通限制的约束，可以迅速得到他们想要的东西。计算机和互联网是基于商品目录、电话和汽车等技术组成的连续体上发展出来的，所有这些工具都起到了增加人和货物流动性的作用，并努力使它们更紧密地联系在一起。然而，技术的发展从来不会让人的欲望满足，恰恰相反，速度越增加、人们越不耐烦，市场流通的惊人进步对现在的人们来说也只是习以为常的事情了[2]。

  物流链的进步和生产过程的复杂化更是加强了人们的拜物情结。随着市场的发展和新产品的激增，人们对商品的生产背景越来越无法知晓了。以食品为例，正如本书第一章中详述的那样，人们现在对食品的概念已经很模糊了。两个世纪以来，消费者渐渐远离了生产过程，人们看不到自己食用的食品是怎样种植和加工的，所以越来越有将食物视为一种独立存在的物质的倾向。另外，随着微波炉在家庭中的大规模普及，这种对食物无知的趋势在20世纪后三分之一的时间里更显著了。当人们购买冷冻速食的时候，甚至都不用把食物从包装中取出来再次加工，而只是放到微波炉里加热一下即可食用。在这种模式下，消费者不仅与农业脱离了，与食物的实际生产疏远了，甚至可能根本就不知道自己吃的这顿饭里都有些什么。

对于成熟行业开发的高科技产品来说，消费者就更加处于无知的境地了，因此也更加无法掌控商品的内容。今天我们驾驶的汽车里装满了电子设备，只能靠重型工业机械拆卸，人们不可能自己动手修理福特T型车或雪铁龙2CV这样的汽车了。电脑也一样，最早的个人电脑只有懂行者才能使用，使用的时候常常还得自己拆卸和编程。相反，最新一代的个人电脑和智能手机则是完全对用户友好的，就算是对电子设备一窍不通的人也能使用，所以多数新一代用户通常完全不了解电子产品的构成、组件。基础设施的无形化强化了人们对商品的崇拜，产品变得完全抽象起来，消费者不像是使用者，更像是旁观者了。在人们眼中，商品显得那么神奇、那么梦幻，脱离了物质的具体性，所以消费者也更加容易相信煞有介事的营销话语带来的符号联想了。

这种无知是结构性的，劳动分工和日益复杂的生产过程使得任何人都不可能掌握日常用品的成分。现代多数消费者从事的工作基本都是某一专业领域非生产类的工作，因此他们也越来越难以了解生产行业，也从而无法把握市场世界的物质性。在城市里工作和生活的同时，家变成了人们的港湾，是人们享受亲密和隐私的空间。随着时间的推移，人们的住宅被大量设备填满、从而实现了各种个性化的娱乐功能。像收音机、电视、电话和计算机这类设备，在其商业开发的早期都是供集体使用的,常摆放于共享空间,但现在,电视进入了人们的客厅,手机和电脑也都成了私人用品。随着时代进步,这些高科技物品越来越便宜、体积越来越小,人人都能拥有了,家庭空间里处处是它们的身影。这些原本属于集体的用品转变为私人用品后,家庭成员们也都有了各自的"频率"、越来越无法相通。每个人都在自己的世界里,培养自己的消费习惯,比起和家人对话,人们更喜欢沉浸于媒体世界中,和虚拟对话。

互联网的发展让图像对媒体世界的统治尽善尽美,就像40年前的电视机给世界带来的冲击一样,互联网在今天掀起了波澜。1990年代的热爱音乐的年轻人需要努力记住广播中听到的音乐,然后去寻找作者、去商店购买专辑,如果想看到这个歌手长什么样,还需要查阅报刊,或者锁定电视的音乐频道,这个过程可能需要几个月的时间。在同样的情况下,2010年代的青少年只需要拿出智能手机,用应用程序的听歌识曲功能查询,就能找到这首歌和相应的歌手,然后在几分钟内就可以浏览这位歌手的介绍、照片以及搜索引擎自动关联的各种相关图片。每天,网络"膨胀"着数百万的文本、照片和视听数据。无数的资讯环绕着我们,让消费者有更多可能沉浸在多样化的社群中。音乐爱好者们可以通过网络尽情观看他们喜欢的韩国流行音乐、美国晚间节目或生存主义播客。像优兔网(Youtube)这样的视频平台打破了门槛,让每个人都可以分一杯羹,毕竟其口号就是"播出自己"(Broadcast yourself)。丰富的视听资源使得媒体文化产品过度细分,人们的身份定义也随之增加，当然，各种各样的商品也抢占了视野。视听媒介使得象征性联想与产品更紧密地凝聚在一起，尽管符号工程也面临新的困难，因为消费者的注意力会因为多种多样的信息而变得分散。但是无论如何，图像的大规模传播还是有利于文化和商业想象力的发展。通过逃避、投射、认同和模仿，人们探寻着自己想要的身份定位。而网上的各种链接和弹窗也完美地服务于商品的宣传，商品的象征性流通也因此大有提升。

消费史就是商品及其商品图像流通加速的历史，是市场和媒体相互关联发展的历史。流通着的除了商品本身，还有商品的象征。这种加速并不奇怪，它是资本自生逻辑的反映，也是资本不断运动的反映。在这段历史里，无穷无尽的商品不断流传、新的消费习惯层出不穷。商业不断地为物质世界和理想世界提供养分。这一切都利用人性来完成，它利用人们对安全、自尊、权力、抱团的渴望，也利用人们的认同和偏见，最重要的是，它利用了人们对事物的操纵欲和为事物赋予意义的欲望。商品一直是满足人们实际需求和心理需求的工具，也是一种表达人们思想和权力关系的语言。市场让商品成为消费者定义和展示自我的核心工具，从而加剧人们对商品的渴望。在现代化、城市化、大众化的社会中，商品是一切的中心，是人们追逐的对象。在现代社会中，一个人的身份既不是继承的，也不是规定的，人们可以通过消费来"发明"自己的身份。

消费者的形象就像是神话里自力更生的主人公，像个努力经营自己身份的企业家。在开放的环境里，消费者通过各种媒体和商业宣传了解到一些"生活方式"（life-style），然后以此来修饰自己的生活。在这个消费神话里，人们大力夸赞市场，把市场当作自由的体现，比如很多后现代作家经常夸赞消费者形象[3]，把他们描绘成通过消费运动实现自由的化身，还赞美消费把人们从僵化的旧制度和阶级斗争中解放出来。在市场上，没有人拥有权威，无穷无尽的商品让人们可以在各类体验、存在方式和生活方式之间进行选择。可以说，"生活方式"一词"是当前消费意识形态的精髓，它将生活简化为一种风格（style），也把我们的生活和消费画上了等号"[4]。市场提供象征性的资源，让每个人都能体验多种生活方式，自由地从一种生活方式转向另一种生活方式。消费者则完全是自由和创造力的体现，"只有得到社会对自己的定义时，人才真正拥有自己"[5]。在他们的笔下，消费者也被誉为"勤杂工"。消费者不得不永远追求出众，不得不永远受到工业的剥削，而他们也是这一切的罪魁祸首。正是因为消费者一直不停地解读商品、把商品看作个人价值、持续不断寻找新的时尚，并反对一些旧有的时尚，才使得消费者把自己的命运拱手让给了商人。工业只需要生产各种各样的文化资源，而消费者则会自己评判它的好坏高低。[6]

两位印度学者罗希特·瓦曼（Rohit Varman）和拉姆·马诺哈尔·维卡斯（Ram Manohar Vikas）曾在论文里质疑了人们眼中随意、自由又迷人的消费。[7]他们研究了生活在坎普尔贫民窟里的"消费者"，并这样写道："我们的数据显示这些下层消费者大多数只有几件衣服，仅能满足温饱。"此外，他们还需要为寻找食物和住所费尽心思,"由市场控制的消费导致了世界上边缘国家和地区的下层群体受到系统性剥削,也正是这些群体为社会里的上层人群生产出了那些过剩和低成本的商品"。因此,作者得出结论,消费自由不过是全球化世界中一小部分精英所行使的特权。"所谓资本主义赋予人们的自由其实对于世界上的绝大多数人来说都是不存在的。"由于那些劳动力、工作和生产世界离人们较为遥远,造成了"结构性缺席",让人们产生一种错觉,似乎全世界都持有同一种价值观,全世界都过着资产阶级的生活。对消费者自由的赞美其实是对生产的视而不见。

于是,一部分人为生产所困,另一部分人则拼命消费。人们在家里屯满了各类商品,借此获得掌控事物的力量。市场和越来越多的商品、媒体图像一起疯狂生长,它越是发展,少数高端群体就越能强化其无所不能的神力。商品化进程的下一个阶段,或许是人与商品的融合。从智能手机的普及开始,人们随时可以连接到全球网络上,整个世界都触手可及,购物更是触手可及。15年来,人们通过消费建立自我的幻想在超人类主义者的笔下被延伸开来,他们预言未来可能会有某种技术可以增强人类本身的某些能力。尼克·博斯特罗姆(Nick Bostrom)认为:"等到这种技术变得强大而易于获得,人们就可以进一步达成自我定义的目标了……因此,人类群体唯一的不同将是价值观的不同,价值观将指导他们选择如何使用新兴的技术力量来改变他们的形态和命运。"[8]在这种幻想中,人将变得像商品本身一样具有延展性、流动性和"可交换性"。

人将不与任何事物捆绑，因此得到自由；人将脱离实体、因此更有自主权。人将可以永远靠自己来建立自我。赛博格（Cyborg）[a]也许会成为消费者的终极形象，人将不再被生物偶然性束缚，而是可以靠各种高科技假体来自我组装，人们可以像建设一个工程项目一样建设自己，也会因此成为"脱节的个体，被卷入各类用于表现自己身份的神经性加速过程之中"[9]。

虽然少数消费群体现在享有着各种消费带来的权力和便利，但事实上，它们赖以生存的物质基础设施其实处在日益不稳定的情况下。在市场这个全球化网络中，人们为了制造必要的工具，需要在全球范围内协调多种商品的流动。全球经济紧密相连、极度复杂，使得人们既相互依赖又极为脆弱。消费社会赖以建立的整个链条始于人们不再使用牲畜运输的那个时代，从那时起各类新的运输手段渐渐以越来越快的速度运送人员和货物，而热工业化社会的这种力量又依赖于不可再生资源的开发，例如碳氢化合物和矿物，这一切都是有限度的。在本书中，我们见证了从19世纪中叶到21世纪初消费主义呈指数级发展的过程。但是，正如金融学家们常说的："大树高不过天。"我们在这里书写的不过是消费主义历史的开端，而或许再过几十年后，就会有人书写它的结尾了。

---

[a] 赛博格是机械化的有机体，在科幻作品中常表现为各种近似人类的生化人或机械人，是一种借由人工科技来增加或强化生物体能力的结果。

注释

第一章 商品的降生：市场的形成和商品拜物教

1. Fernand Braudel, *Civilisation matérielle, économie et capitalisme, XVe et XVIIIe siècles*, vol. 1., *Les Structures du quotidien*, Armand Colin, Paris, 1979, p. 32.
2. Gérard Bouchard, *Le Village immobile. Sennely-en-Sologne au XVIIIe siècle*, Plon, Paris, 1972, p. 197.
3. Fernand Braudel, *Les Structures du quotidien, op. cit.*, p. 55.
4. Christophe Studeny, *L'Invention de la vitesse. France, XVIIIe-XXe siècle*, Gallimard, Paris, 1995, p. 216.
5. Christophe Studeny, *L'Invention de la vitesse. France, XVIIIe-XXe siècle*, Gallimard, Paris, 1995, p. 217.
6. Karl Marx, Grundrisse, 3. *Chapitre du capital (suite)*, Union générale d'éditions/10/18, Paris, 1973, p. 59.
7. Jean Delumeau, *La Peur en Occident, XIVe-XVIIIe siècle*, Hachette littératures, Paris, 1978.
8. Laurence Wylie, *Un village du Vaucluse*, Gallimard, Paris, 1968, p. 39-40.
9. Karl Marx, *Le Capital, Livre premier*, PUF, Paris, 2014 [1993], p. 46.
10. Ibid., p. 207.
11. David Harvey, *Pour lire Le Capital*, La ville brûle, Montreuil, 2012.
12. Jean Fourastié, *Machinisme et bien-être*, Minuit, Paris, 1951.
13. Frank Cochoy, «De l'embarras du choix au conditionnement du marché. Vers une

socioéconomie de la décision», *Cahiers internationaux de sociologie*, vol. 106, 1999, p. 13.

14. Don Slater, *Consumer Culture and Modernity*, Polity Press, Cambridge, 1997, p. 112.
15. Susan Strasser, *Satisfaction Guaranteed. The Making of the American Mass Market*, Pantheon Books, New York, 1989, p. 52.
16. George S. Low et Ronald A. Fullerton, «Brands, brand management, and the brand manager system : a critical-historical evaluation», *Journal of Marketing Research*, vol. 31, n° 2, 1994, p. 178.
17. Wolfgang Fritz Haug, *Critique of Commodity Aesthetics. Appearance, Sexuality and Advertising in Capitalist Society*, Polity Press, Cambridge, 1971, p. 26.
18. 比如法国化工公司罗纳 - 普朗克（Rhône-Poulenc）就赞助过名为"TF1 Ushuaïa"的环保项目。
19. Adam Arvidsson, «Brands : a critical perspective», *Journal of Consumer Culture*, vol. 5, n° 2, 2005, p. 237.
20. George W. Edwards, *The Evolution of Finance Capitalism*, Longmans, Green and Co., Londres/New York, 1938, p. 162. 引自 William Leach, *Land of Desire. Merchants, Power and the Rise of a New America Culture*, Pantheon Books, New York, 1993, p. 19。

第二章 商品大观：百货商店和逛街

1. Paul Bairoch et Gary Goertz, «Factors of urbanisation in the nineteenth century developed countries : a descriptive and econometric analysis», *Urban Studies*, vol. 23, n° 4, 1986.
2. Paul Bairoch et Gary Goertz, «Factors of urbanisation in the nineteenth century developed countries : a descriptive and econometric analysis», *Urban Studies*, vol. 23, n° 4, 1986.
3. Tony Bennett, «The exhibitionary complex» , *New Formations*, n° 4, 1988.
4. Manfredo Tafuri, *Architecture and Utopia. Design and Capitalist Development*, MIT Press, Cambridge, 1976, p. 83.
5. Georges d'Avenel, «Les grands magasins», *La Revue des Deux Mondes*, juillet 1894, p.

351.

6. Richard Sennett, *The Fall of Public Man*, Penguin Books, Londres, 1977, p. 142.
7. Ibid.
8. Alexander Turney Stewart, *Lippincott's Magazine*（1871年12月刊）, 出自 Harry E. Resseguie, «Alexander Turney Stewart and the development of the department store, 1823-1876», *The Business History Review*, vol. 39, n° 3, 1965。
9. The Dry Goods Reporter（1906年1月6日）, 出自 Elaine S. Abelson, *When Ladies Go A-Thieving. Middle-Class Shoplifters in the Victorian Department Store*, Oxford University Press, Oxford, 1989, p. 53。
10. Émile Zola, *Au Bonheur des dames*, G. Charpentier et E. Fasquelle, Paris, 1883, p. 57.
11. Georges d'Avenel, «Les grands magasins», art. cit., p. 356.
12. Jean Baudrillard, *La Société de consommation. Ses mythes, ses structures*, Calmann-Lévy, Paris, 1969.
13. Stuart et Elizabeth Ewen, *Channels of Desire. Mass Images and the Shaping of American Consciousness*, University of Minnesota Press, Minneapolis, 1992.
14. Manuel Charpy, «Le théâtre des objets : espaces privés, culture matérielle et identité bourgeoise. Paris, 1830-1914», doctorat d'histoire contemporaine de l'université François Rabelais de Tours, ENS Lyon, 2010, p. 572-587 et 950-955.
15. Paul Dubuisson, *Les Voleuses dans les grands magasins*, Storck, Paris, 1902, p. 41.
16. Émile Zola, «Ébauche du roman *Au Bonheur des dames*», disponible en ligne sur le site de la BNF : <expositions.bnf.fr/zola/bonheur/dossierprep/>.
17. Erika Diane Rappaport, *Shopping for Pleasure. Women in the Making of London's West End*, Princeton University Press, Princeton, 2001, p. 162-169.
18. Michael B. Miller, *Au Bon Marché, 1869-1920. Le consommateur apprivoisé*, Armand Colin, Paris, 1987, p. 169.
19. "没有亚当的伊甸园"这个表述来自 Susan P. Benson, *Counter Cultures. Saleswomen, Managers, and Customers in American Department Stores*, 1890-1940, University of Illinois Press, Urbana, 1988, chap. 3。
20. Émile Zola, *Au Bonheur des dames*, op. cit., p. 91.
21. Pierre Giffard, *Les Grands Bazars*, Victor Havard Éditeur, Paris, 1882, p. 289.

22. Maurice Bontemps, *Du vol dans les grands magasins et à l'étalage*, Storck, Paris, 1894.
23. Paul Dubuisson, *Les Voleuses dans les grands magasins, op. cit.*
24. Alexandre Lacassagne, *Les Vols à l'étalage et dans les grands magasins*, Storck, Paris, 1896.
25. Paul Dubuisson, *Les Voleuses dans les grands magasins, op. cit.*
26. 在这里使用的是由多米尼克·穆顿（Dominique Mouton）和戈德里克·帕里斯（Gaudérique Paris）在 *Pratique du merchandising*（Dunod, Paris, 2012）一书中给出的商品管理的定义，该定义也曾被查尔斯·H. 开普纳（Charles H. Kepner）借用。热门和冷门区域、绩效比率和货架效率等概念被广泛应用于关于商品管理的教材中。
27. Wolfgang Fritz Haug, *Critique of Commodity Aesthetics, op. cit.*
28. 对 Abercrombie & Fitch 的分析以及以下所有引语均摘自让-弗朗索瓦·勒穆瓦纳（Jean-François Lemoine）和奥利维耶·巴多（Olivier Badot）所著的 «Gestion tribale de la marque et distribution spécialisée : le cas Abercrombie & Fitch», *Décisions Marketing*, n° 52, 2008。

第三章 商品动力学："同与不同"概念下的矩阵传播

1. Adeline Daumard, *Les Bourgeois et la bourgeoisie en France depuis 1815*, Flammarion, Paris, 1987.
2. Edmond Goblot, *La Barrière et le niveau. Étude sociologique sur la bourgeoisie française moderne*, Alcan, Paris, 1925, chap. 4.
3. Beatrix Le Witta, *Ni vue ni connue. Approche ethnographique de la culture bourgeoise*, Éditions de la MSH, 1988, p. 65.
4. Pierre de Marivaux, *Œuvres complettes de M. De Marivaux, de l'Académie Françoise*, chez la Veuve Duchesne, Libraire, rue Saint-Jacques, au Temple du Goût, 1781, p. 377.
5. Edmond Goblot, *La Barrière et le niveau, op. cit.*, chap. 4.
6. Albert Babeau, *Les Bourgeois d'autrefois, op. cit.*, p. 8.

7. Leora Auslander, *Taste and Power. Furnishing Modern France*, University of California Press, Berkeley, 1996. 这是对一张照片的评论，该照片发表在 Eugène Atget, *Intérieurs parisiens, début du XXe siècle : artistiques, pittoresques et bourgeois*, 1910。
8. Harriet Elizabeth Prescott Spofford, *Art Decoration Applied to Furniture*, Harper and Brothers Publishers, New York, 1878. 引自 Carole Després, «De la maison bourgeoise à la maison moderne. Univers domestique, esthétique et sensibilité féminine», *Recherches féministes*, vol. 2, n° 1, 1989。
9. Philippe Perrot, *Le Luxe. Une richesse entre faste et confort, XVIIIe-XIXe siècles*, Seuil, Paris, 1995, p. 144.
10. Manuel Charpy, «Le théâtre des objets», *op. cit.*, p. 147.
11. Carole Després, «De la maison bourgeoise à la maison moderne» , art. cit., p. 4.
12. Thorstein Veblen, *Théorie de la classe de loisir*, Gallimard, Paris, 1970, p. 119.
13. Ibid.
14. Philippe Perrot, *Le Luxe, op. cit.*, p. 46.
15. Edmond Goblot, *La Barrière et le niveau, op. cit.*, p. 1.
16. Jean Baudrillard, *Le Système des objets*, Gallimard, Paris, 1968 ; *La Société de consommation. Ses mythes, ses structures*, Gallimard, Paris, 1970 ; *Pour une critique de l'économie politique du signe*, Gallimard, Paris, 1972.
17. Thorstein Veblen, *Théorie de la classe de loisir, op. cit.*, p. 79.
18. Jean Baudrillard, *Le Système des objets, op. cit.*, p. 273.
19. Frédéric Rouvillois, *Histoire du snobisme*, Flammarion, Paris, 2008.
20. *Ibid.*, p. 87 et 99.
21. 莫泊桑长篇小说《漂亮朋友》中的人物杜洛瓦，就是一个很好的例子。
22. Charles Baudelaire, *L'Art romantique*, Calmann-Lévy, Paris, 1869, p. 94.
23. Marylène Delbourg-Delphis, *Masculin singulier. Le dandysme et son histoire*, Hachette, Paris, 1985, p. 23.
24. Émilien Carassus, «Dandysme et aristocratie», *Romantisme*, n° 70, p. 29.
25. Lisa Tiersen, *Marianne in the Market. Envisioning Consumer Society in Fin-de-siècle France*, University of California Press, Berkeley, 2001, p. 92.
26. Manuel Charpy, «Le théâtre des objets», *op. cit.*, p. 1150.

27. *Ibid.*, p. 1086.
28. Félix Pyat, «Les artistes», *Nouveau Tableau de Paris au XIXe siècle*, tome IV, Charles-Béchet, Paris, 1834, p. 5.
29. Manuel Charpy, «Le théâtre des objets», *op. cit.*, p. 1099.
30. Jean Baudrillard, *Pour une critique de l'économie politique du signe, op. cit.*, p. 29.
31. Jean Baudrillard, *Le Système des objets, op. cit.*, p. 119.
32. *Ibid.*, p. 434.
33. Janell Watson, *Literature and Material Culture from Balzac to Proust*, Cambridge University Press, Cambridge, 1999, p. 40-41.
34. Guy de Maupassant, «Bibelots», *Le Gaulois*, 22 mars 1883.
35. Gustave, Flaubert, «Lettre à Louise Colet», *Correspondance*, 29 janvier 1854.
36. Jean-Pascal Daloz, *The Sociology of Elite Distinction. From Theoretical to Comparative Perspectives*, Palgrave Macmillan, New York, 2010. 19世纪后期有很多关于涓滴理论的论文，包括塔尔德、凡勃伦和齐美尔都谈到过这一效应。需要注意"涓滴理论"与自由主义的"涓滴经济学"原则无关，根据"涓滴经济学"原理，社会上最富有者的收入将使每个人受益。
37. Alexis de Tocqueville, *De la démocratie en Amérique, Deuxième partie, tome 1*, Société belge de librairie, Bruxelles, 1840, p. 98.
38. 比阿特丽克斯·勒·维塔（Beatrix Le Witta）在她的书中介绍了资产阶级如何"将资产阶级牛仔裤与其他牛仔裤区别开来"。Beatrix Le Witta, *Ni vue ni connue, op. cit.*, p. 76.

第四章 商品的幻影：图像在日常生活中的入侵和扩散

1. Eugen Weber, *La Fin des terroirs. La modernisation de la France rurale, 1870-1914*, Fayard, Paris, 1983, p. 289.
2. Émile Guillaumin, *La Vie d'un simple*, Stock, Paris, 1943, chap. 7.
3. Serge Grafteaux, *Mémé Santerre*, Éditions du Jour, Montréal, 1975, p. 103.
4. Henri George, *La Belle Histoire des images d'Épinal*, Le Cherche-Midi, Paris, 2005, p. 94 et 112-113.

5. "剪贴"在英语中是"scrapbooking",法语中为"collimage",参见 Ellen Gruber Garvey, *The Adman in the Parlor. Magazines and the Gendering of Consumer Culture, 1880s to 1910s*, Palgrave Macmillan, New York, 1996, chap. 1。

6. Daniel Boorstin, *Histoire des Américains*, Laffont, Paris, 1991, p. 998-999.

7. Mary Ellen Waller-Zuckerman, « "Old homes, in a city of perpetual change" : women's magazines, 1890-1916», *The Business History Review*, vol. 63, n° 4, 1989 et «Marketing the women's journals, 1873-1900», *Business and Economic History*, vol. 18, 1989.

8. Edward Bok, *The Americanization of Edward Bok. The Autobiography of a Dutch Boy Fifty Years After*, Charles Scribner's sons, New York, 1920, p. 292-293.

9. *Marie-Claire*, n° 1, 1954, p. 40-41. Cité par Alexie Geers, *Le Sourire et le tablier. La construction médiatique du féminin dans Marie-Claire de 1937 à nos jours*, Éditions de l'EHESS, Paris, 2016, p. 158.

10. Gloria Steinem, «Sex, lies and advertising», *Ms. magazine*, juillet-août 1990, p. 18-28.

11. Michael B. Miller, *Au Bon Marché, op. cit.*, p. 204.

12. Carolyn L. Kitsch, *The Girl on the Magazine Cover. The Origins of Visual Stereotypes in American Mass Media*, The University of North Carolina Press, Chapel Hill, 2001, p. 160.

13. Alexie Geers, *Le Sourire et le tablier, op. cit.*, p. 75.

14. Richard Ohmann, *Selling Culture. Magazines, Markets and Class at the Turn of the Century*, Verso, Londres/New York, 1996, p. 250.

15. Roland Marchand, *Advertising the American Dream. Making Way for Modernity, 1920-1940*, University of California Press, Berkeley, 1985, p. 166 et 199.

16. *Ibid.*, p. 202.

17. Ellen Gruber Garvey, *The Adman in the Parlor, op. cit.*, chap. 4.

18. Charles Eckert, «The Carole Lombard in Macy's window», *Quarterly Review of Film Studies*, vol. 3, n° 1, 1978, p. 4.

19. Moya Luckett, «Advertising and femininity : the case of *Our Mutual Girl*», *Screen*, vol. 40, n° 4, 1999, p. 374-375.

20. Herbert Miles, *Movies and Morals*, Zondervan Publishing Press, Grand Rapids, 1947, p. 81. 引自 Anne-Marie Bidaud, *Hollywood et le rêve américain. Cinéma et idéologie aux États-Unis*, Armand Colin, Paris, 2012, chap. 1。

21. Anne-Marie Bidaud, *Hollywood et le rêve américain, op. cit.*, chap. 1. 根据对 1920 年代 6600 部影片的分析，只有 0.22% 是关于工作的、0.77% 是关于政治的、0.95% 是关于宗教的、3% 是关于穷人或移民。"结构性缺席"一词来自梅尔文·斯托克斯（Melvyn Stokes）《结构性缺席：好莱坞银幕上缺少的美国形象》，«Structuring absences: images of America missing from the Hollywood screen», *Revue fransaise d'études américaines, vol. 3, n° 89, 2001*。

22. «Posters portray film role in American life», *The Motion Picture and the Family*, 15 janvier 1935, p. 1. 引自 Anne-Marie Bidaud, *Hollywood et le rêve américain, op. cit.*, p. 35。讲述灰姑娘类型故事，且与奢侈消费有关的好莱坞电影，可以参见以下几部《新娘之秘密》（*Our Blushing Brides*, 1930）、《轻松生活》（*Easy Living*, 1937）、《午夜》（*Midnight*, 1939）、《女人们》（*The Women*, 1939）、《扬帆》（*Now, Voyager*, 1942）。

23. Charles Eckert, «The Carole Lombard in Macy's window», art. cit., p. 20.

24. Herbert Blumer, *Movies and Conduct*, The Macmillan Company, New York, 1933, p. 64.

25. Laura Mulvey, «Visual pleasure and narrative cinema», *in* Leo Braudy et Marshall Cohen (dir.), *Film Theory and Criticism. Introductory Readings*, Oxford University Press, Oxford, 1999, p. 833-844.

26. Jackie Stacey, *Star Gazing. Hollywood Cinema and Female Spectatorship*, Routledge, Londres/New York, 1994, chap. 6.

27. Alexie Geers, *Le Sourire et le tablier, op. cit.*, p. 122.

28. Jean Baudrillard, *Le Système des objets, op. cit.*, p. 246.

29. Herbert Blumer, *Movies and Conduct, op. cit.*, p. 156-157.

第五章 消费心态：商品化带来的心理变化

1. Herbert Blumer, *Movies and Conduct, op. cit.*, p. 159.

2. Jean-Claude Farcy, *La Jeunesse rurale dans la France du XIXe siècle, op. cit.*, p. 125.
3. Eugen Weber, *La Fin des terroirs, op. cit.*, p. 572.
4. 这句话首次出现在美国少年法庭的法官口中："汽车已成为流动妓院。"见 Robert Lynd et Helen Lynd, Middletown. *A Study in American Culture*, Harcourt Brace Jovanovich, New York, 1929, p. 114。
5. Kathy Peiss, *Cheap Amusements, op. cit.*, p. 106.
6. *Ibid.*, p. 133.
7. Joshua Zeitz, *Flapper. A Madcap Story of Sex, Style, Celebrity, and the Women Who Made America Modern*, Broadway Books, New York, 2007, p. 37.
8. William Leuchtenburg, *The Perils of Prosperity*, University of Chicago Press, Chicago, 1958, p. 163.
9. 在大卫·理斯曼（David Riesman）1964年所著《孤独的人群》（*La Foule solitaire*）一书中被普及并流行的一种说法。见 David Riesman, *La Foule solitaire*, Arthaud, Paris, 1964。
10. Don Slater, *Consumer Culture and Modernity, op. cit.*, p. 31.
11. Mike Featherstone, «The body in consumer culture», *Theory Culture Society*, vol. 1, n° 18, 1982, p. 28.
12. Warren Susman, «Personality and the making of twentieth century culture», *in* John Higham et Paul Keith Conkin (dir.), *New Directions in American Intellectual History*, Johns Hopkins University Press, Baltimore, 1979, p. 220.
13. Grant McCracken, *Culture and Consumption. New Approaches to the Symbolic Character of Consumer Goods and Activities*, Indiana University Press, Bloomington, 1990, p. 27.
14. Karl Marx et Friedrich Engels, *Manifeste du Parti communiste*, Flammarion, Paris, 1998, p. 77.
15. Thorstein Veblen, *Théorie de la classe de loisir, op. cit.*, p. 69.
16. Jean-Claude Farcy, *La Jeunesse rurale dans la France du XIXe siècle, op. cit.*, p. 121.
17. Eugen Weber, *La Fin des terroirs, op. cit.*, p. 635 et 637-638.
18. Jean-Claude Farcy, *La Jeunesse rurale dans la France du XIXe siècle, op. cit.*, p. 121.
19. Éliane Seguin, *Histoire de la danse jazz*, Chiron, Paris, 2002, chap. 2.

20. Susan J. Matt, *Keeping Up with the Joneses. Envy in American Consumer Society, 1890-1930*, University of Pennsylvania Press, Philadelphie, 2002, chap. 1.

21. Jennifer Scanlon, *Inarticulate Longings. The* Ladies'Home Journal, *Gender and the Promise of Consumer Culture*, Routledge, Londres/New York, 1995, p. 52.

22. Lary May, *Screening Out the Past*, Chicago University Press, Chicago, 1983, p. 100.

23. *Ibid.*

24. 这个说法来自 Christine Bard, *Les Garçonnes. Modes et fantasmes des années folles*, Flammarion, Paris, 1998, p. 74。另外，法语中也有类似"flapper"的表达"garçonne"（假小子），但"garçonne"还有一些同性恋的意味，因此和英语里的"flapper"不能对等。

25. Steven Zdatny, «La mode à la garçonne, 1900-1925 : une histoire sociale des coupes de cheveux», *Le Mouvement social*, n° 174, 1996.

26. 根据 Lynn Dumenil 的研究，美国在 1920 年有 5000 家美容院，在 1930 年就增长到 40 000 家，化妆品销售额从 1914 年的 1700 万美元增加到 1925 年的 1.41 亿美元。见 Lynn Dumenil, *The Modern Temper. American Culture and Society in the 1920s*, Hill and Wang, New York, 1995, p. 141。

27. Joan Brumberg, *The Body Project. An Intimate History of American Girls*, Vintage Books, New York, 1998.

28. Denise Sutton, *Globalizing Ideal Beauty. Women, Advertising, and the Power of Marketing*, Palgrave Macmillan, New York, 2009, p. 64-65.

29. Christine Bard, *Les Garçonnes, op. cit.*, p. 138.

第六章 社会工程：意识管理与商业秩序合法化

1. Susan Barrows, *Miroirs déformants. Réflexions sur la foule en France à la fin du XIXe siècle*, Aubier, Paris, 1999, p. 28.

2. *Ibid.*, p. 91 et 95.

3. Gustave Le Bon, *Psychologie des foules*, Alcan, Paris, 1895, p. 12-15.

4. *Ibid.*, chap. 3.

5. *Ibid.*, p. 59.

6. Serge Moscovici, *L'Âge des foules, op. cit.*, chap. 2.
7. Zygmunt Bauman, *Modernité et holocauste*, Complexe, Paris, 2008, p. 156.
8. Gabriel Tarde, *L'Opinion et la foule*, Alcan, Paris, 1901, chap. 1.
9. 在当时那个时代，有很多该领域的流行书目，如有让-马丁·沙可（Jean-Martin Charcot）关于梦游的书、希波莱特·伯恩海姆（Hippolyte Bernheim）关于暗示和催眠的书，以及阿尔弗雷德·埃斯皮纳斯（Alfred Espinas）关于心灵感应的书。
10. Gustave Le Bon, *Psychologie des foules, op. cit.*, p. 19.
11. John B. Watson, *Behaviorism*, The People's Institute Publishing Company, New York, 1924, chap. 5.
12. Alfred Chandler, *La Main invisible des managers. Une analyse historique*, Economica, Paris, 1988.
13. Richard Tedlow, *Keeping the Corporate Image. Public Relations and Business, 1900-1950*, JAI Press, Greenwich, 1979, p. 2.
14. Stuart Ewen, *PR! A Social History of Spin*, Basic Books, New York, 1996, p. 62.
15. Kirk Hallahan, «Ivy Lee and the Rockefellers' response to the 1913-1914 Colorado coal strike», *Journal of Public Relations Research*, vol. 14, n° 4, 2002.
16. David Miller et William Dinan, *A Century of Spin. How Public Relations Became the Cutting Edge of Corporate Power*, Pluto Press, Ann Arbor, 2008, p. 34 ; Richard Tedlow, *Keeping the Corporate Image, op. cit.*, chap. 1.
17. Roland Marchand, *Creating the Corporate Soul, op. cit.*, p. 80.
18. 虽然当时流传的不少关于"德国暴行"的故事都是假的（如强奸修女一事并无证据），但这些故事也并不是基于纯粹的幻想。当德国人于1914年入侵比利时和法国东北部时，他们屠杀、纵火和掠夺，并把平民当作肉盾。约翰·霍恩（John Horne）和艾伦·克莱默（Alan Kramer）的研究（1914, *les atrocitiés allemandes. La vérité sur les crimes de guerre en France et en Belgique*, Tallandier, Paris, 2005）确定了当时共有6427名平民被屠杀，因纵火而丧生的平民至少达到14 101人。
19. Arthur Ponsonby, *Falsehood in War-Time. Containing an Assortment of Lies Circulated throughout the Nations during the Great War*, G. Allen & Unwin ltd., Londres, 1929,

introduction.

20. George Creel, *How We Advertised America*, Harper & Brothers Publishers, New York/Londres, 1920, p. 4.
21. Thomas Hollihand, «Propagandizing in the interest of war : a rhetorical study of the Committee on Public Information», *Southern Speech Communication Journal*, vol. 49, n° 3, 1984, p. 243.
22. 美国对英国最著名的模仿之一是山姆大叔指着未来的新兵说"我要你为国家入伍"（I want you for U.S. Army）的海报，其灵感来自英国的"你的国王和国家需要你"（Your King and Country Need you）。见 Michael Sanders et Philip Taylor, *British Propaganda During the First World War, 1914-18*, Macmillan, Houndmills, Basingstoke, 1982, p. 138。
23. Bruce Pinkleton, «The campaign of the Committee on Public Information : its contributions to the history and evolution of public relations», *Journal of Public Relations Research*, vol. 6, n° 4, 1994 ; Alan Axelrod, *Selling the Great War. The Making of American Propaganda*, Palgrave Macmillan, New York, 2009.
24. "四分钟志愿者"的说法是因为那时的电影院放映过程中会有四分钟中场休息，这是放映员更换胶片卷轴的时间。
25. 这些著作为：Walter Lippmann, *Public Opinion*, Harcourt, Brace and Company, New York, 1922 ; Edward Bernays, *Crystallizing Public Opinion*, Liveright Publishing Corporation, New York, 1923 ; Walter Lippmann, *The Phantom Public*, Harcourt, Brace and Company, New York, 1925 ; Edward Bernays, *Propaganda*, Liveright Publishing Corporation, New York, 1928。
26. Walter Lippmann, *The Phantom Public, op. cit.* 本段后面的引文也均出自本书。
27. Edward Bernays, *Propaganda, op. cit.* 本段后面的引文也均出自本书。
28. Richard Tedlow, *Keeping the Corporate Image, op. cit*, p. 43.
29. Edward Bernays, *Propaganda, op. cit.*
30. Edward Bernays, *Crystallizing Public Opinion, op. cit.*, p. 170.
31. Roland Marchand, *Creating the Corporate Soul, op. cit.*, p. 166.
32. 例如 1934 年成立了证券交易委员会（Securities and Exchange Commission），*1933* 年通过了《国家工业恢复法》（*National Industrial Recovery Act*），1935 年

通过了《国家劳动关系法》(*National Labor Relations Act*)。

33. Richard Tedlow, *Keeping the Corporate Image, op. cit*, p. 59.
34. David Miller et William Dinan, *A Century of Spin, op. cit*., p. 57.
35. *Ibid.*
36. Meg Jacobs, «"How about some meat？": the Office of Price Administration, consumption politics, and state building from the bottom up, 1941-1946», *The Journal of American History*, vol. 84, n° 3, 1997.
37. Richard Pollay, «The distorted mirror : reflections on the unintended consequences of advertising», *Journal of Marketing*, vol. 50, n° 2, 1986, p. 18.

第七章 符号工程：广告的力量与弱点

1. Edward Bernays, *Propaganda, op. cit.*, chap. 5.
2. 相关的重要著作有：Walter Dill Scott, *The Psychology of Advertising in Theory and Practice*, Small, Maynard & Company, Boston, 1905。另外，被誉为"行为主义之父"的约翰·沃森（John B. Watson）于1916年开始为美国著名的智威汤逊（J. Walter Thompson, JWT)广告公司工作，并于1924年成为该公司的副总裁。
3. Harry Hollingsworth, *Advertising and Selling. Principles of Appeal and Response*, D. Appleton & Company, Boston, 1913, p. 234.
4. Edward Bernays, *Biography of an Idea. The Founding Principles of Public Relations*, Simon and Schuster, New York, 1965. 本段中所有引文均摘自该书第28章。
5. 关于女性和香烟的历史，可以阅读 Cassandra Tate, *Cigarette Wars. The Triumph of «the Little White Slaver»*, Oxford University Press, Oxford, 1999, chap. 4。
6. Vance Packard, *La Persuasion clandestine*, Calmann-Lévy, Paris, 1968, p. 35, 30 et 9.
7. Ronald Fullerton, «"Mr. MASS motivations himself"：explaining Dr. Ernest Dichter», *Journal of Consumer Behaviour*, vol. 6, n° 6, 2007, p. 378.
8. 这些说法大多来自 Ernest Dichter, *Handbook of Consumer Motivations. The Psychology of the World of Objects*, McGraw-Hill, New York, 1964。
9. 该领域真正的领军者是保罗·拉扎斯菲尔德（Paul Lazarsfeld），此外，还有一些知名学者如路易斯·切斯金（Louis Cheskin）、詹姆斯·维卡里（James Vicary）、赫塔·赫佐格（Herta Herzog）、皮埃尔·马蒂诺（Pierre Martineau）和劳埃德·华纳（Lloyd Warner）。

10. Michael Schudson, *Advertising, the Uneasy Persuasion. Its Dubious Impact on American Society*, Basic Books, New York, 1986, p. 96.
11. Edward Bernays, *Crystallizing Public Opinion, op. cit.*, p. 87.
12. 例如，伍德伯里的"这样的皮肤让人喜欢触摸"的广告就让《女士之家》的读者大为震惊，甚至有不少人因此退订了杂志。
13. Susan J. Matt, *Keeping Up with the Joneses, op. cit.*, p. 54.
14. Roland Marchand, *Advertising the American Dream. Making Way for Modernity, 1920-1940*, University of California Press, Berkeley, 1985, p. 208-209.
15. *Ibid.*, p. 210.
16. Don Slater, *Consumer Culture and Modernity*, op. cit., p. 86.
17. Wolfgang Fritz Haug, *Critique of Commodity Aesthetics, op. cit.*, p. 80.
18. Régis Debray, *Le Pouvoir intellectuel en France*, Ramsay, Paris, 1979, p. 220-221.
19. Ros Ballaster, Margaret Beetham, Elizabeth Frazer et Sandra Hebron, *Women's Worlds. Ideology, Femininity and the Woman's Magazine*, The Macmillan Press, Houndmills, Basingstoke, 1991, p. 124.
20. *Beauté, coiffure, mode*, n° 266, 1932, p. 14. 引自 Alexie Geers, *Le Sourire et le tablier, op. cit.*, p. 80。
21. Roy Dickinson, «Freshen up your product», *Printer's Ink*, n° 6, 6 février 1930, p. 163. 引自 Stuart Ewen, *Consciences sous influence. Publicité et genèse de la société de consommation*, Aubier-Montaigne, Paris, 1983, p. 76。

第八章 家庭中的消费主义：封闭的住宅与消费分工

1. Manuel Charpy, «Le théâtre des objets», *op. cit.* 本段分析主要取自曼努埃尔·查皮（Manuel Charpy）的研究，引文也出自其研究成果。
2. Carole Després, «De la maison bourgeoise à la maison moderne», art. cit., p. 14-15.
3. Philippe Perrot, *Le Luxe, op. cit.*, p. 10.

4. Jean Fourastié, *Machinisme et bien-être, op. cit.*, p. 175.
5. Laurence Wylie, *Un village du Vaucluse, op. cit.*, p. 176-177.
6. Edward Shorter, *Naissance de la famille moderne, XVIIIe-XXe siècle*, Seuil, Paris, 1977, p. 56.
7. Laurence Wylie, *Un village du Vaucluse, op. cit.*, p. 177.
8. Edward Bok, «At home with the editor», *Ladies' Home Journal*, 1894, p. 12. 引自 Ellen Gruber Garvey, *The Adman in the Parlor, op. cit.*, p. 152。
9. Françoise Zonabend, La *Mémoire longue. Temps et histoires au village*, PUF, Paris, 1980, p. 195 et 198.
10. Philippe Ariès et Georges Duby, *Histoire de la vie privée, op. cit.*, p. 40.
11. 1941年，80%的美国家庭有电力供应，79%有电熨斗，52%有洗衣机和冰箱，47%有吸尘器。而在1954年的法国，8.5%的人拥有洗衣机，7%的人拥有冰箱。数据来自 Ruth Cowan, *More Work for Mother. The Ironies of Household Technology from the Open Hearth to the Microwave*, Basic Books, New York, 1983, p. 94 et Claire Duchen, «Occupation housewife : the domestic ideal in 1950s France», *French Cultural Studies*, vol. 2, n° 4, 1991, p. 8。
12. Edgar Morin, *Commune en France. La métamorphose de Plozévet*, Fayard, Paris, 1967, p. 263-264.
13. Ruth Cowan, *More Work for Mother, op. cit.*, p. 63.
14. 1870年代的美国开始建造大型郊区住宅，并在1920年代达到高峰。在1980年的人口普查中发现，近四分之三的美国住宅是在1940年之后建造的。数据来自 Dolores Hayden, *Redesigning the American Dream. The Future of Housing, Work, and Family Life*, W.W. Norton, New York, 1984。
15. Le Corbusier, *Vers une architecture*, Flammarion, Paris, 1995, p. 70 et 90.
16. Jean Baudrillard, *Pour une critique de l'économie politique du signe, op. cit.*, p. 12.
17. Anne-Marie Sohn, *Chrysalides. Femmes dans la vie privée (XIXe-XXe siècles)*, vol. 1, Publications de la Sorbonne, Paris, 1996, p. 68.
18. Paulette Bernège, *De la méthode ménagère*, Dunod, Paris, 1928, p. 72.
19. Jackie Clarke, «L'organisation ménagère comme pédagogie. Paulette Bernège et la formation d'une nouvelle classe moyenne dans les années 1930 et 1940», *Travail,*

genre et sociétés, vol. 1, n° 13, 2005, p. 155.

20. Evrim Altintas et Oriel Sullivan, «Fifty years of change updated : cross-national gender convergence in housework», *Demographic Research*, vol. 35, 2016.
21. Ruth Cowan, «The "industrial revolution" in the home : household technology and social change in the 20th century», *Technology and Culture*, vol. 17, n° 1, 1976, p. 16.
22. 这一观点的主要拥护者来自 Edward Shorter, *Naissance de la famille moderne, op. cit.*, p. 255。
23. Martine Martin, «La rationalisation du travail ménager en France dans l'entre-deux-guerres», *Culture technique*, n° 3, 1980, p. 157.
24. James McNeal, *Kids as Customers. A Handbook of Marketing to Children*, Maxwell Macmillan International, New York, 1992, p. 76.
25. *The Dry Goods Reporter*, 18 novembre 1905, p. 37. 引自 Elaine Abelson, *When Ladies Go A-Thieving, op. cit.*, 1989。
26. 发表在 *Printers' Ink*, n° 141, 1er décembre 1927。引自 Lisa Jacobson, «Manly boys and enterprising dreamers : business ideology and the construction of the boy consumer, 1910-1930», *Enterprise & Society*, vol. 2, n° 2, 2001, p. 226。
27. Lisa Jacobson, «Manly boys and enterprising dreamers», art. cit., p. 229.
28. Cele Otnes, Young Chan Kim et Kyungseung Kim, «All I want for Christmas : an analysis of children's brand requests to Santa Claus», *The Journal of Popular Culture*, vol. 27, n° 4, 1994.
29. Deborah Roedder John, «Consumer socialization of children : a retrospective look at twenty-five years of research», *Journal of Consumer Research*, vol. 26, n° 3, 1999.
30. Cedric Cullingford, *Children and Television*, St. Martin's Press, New York, 1984, p. 131. 引自 Ellen Seiter, *Sold Separately. Children and Parents in Consumer Culture*, Rutgers University Press, New Brunswick, 1993, p. 106。
31. Ellen Seiter, *Sold Separately, op. cit.*, p. 7.
32. Lisa Jacobson, «Manly boys and enterprising dreamers», art. cit., p. 232.

第九章 新消费精神：漫长的 60 年代和市场的重振

1. Arthur Marwick, *The Sixties. Cultural Revolution in Britain, France, Italy and the United States*, Oxford University Press, Oxford, 1998. 需要注意的是，欧美 1960 年代的社会状态远比本章叙述的更复杂。法国的大罢工、美国的罢工及争取民权的斗争等事件均不在本章讲述的范畴里。本章把焦点更多地放在消费者心态的出现和演变上。

2. Jerry Rubin, *Do It ! Scenarios of the Revolution*, Simon and Schuster, New York, 1970, p. 79.

3. Émile Copfermann, *La Génération des blousons noirs. Problèmes de la jeunesse française*, François Maspero, Paris, 1962, p. 69.

4. Ronald Fullerton, «"A virtual social H-bomb": the late 1950s controversy over subliminal advertising», *Journal of Historical Research in Marketing*, vol. 2, n° 2, 2010.

5. Pierre Nora, *Les Idées en France. Une chronologie 1945-1968*, Gallimard, Paris, 1989, p. 493-500.

6. Theodore Roszak, *The Making of a Counter Culture*, Anchor Books, Garden City, 1969, p. 65.

7. Ernest Armand, *L'Initiation individualiste anarchiste* (1923), La Lenteur, Paris, 2015.

8. Anonyme, «Lutte-critique-unité», *Vive la révolution*, n° 6, juin 1970. 引自 Laurent Chollet, *L'Insurrection situationniste*, Dagorno, Paris, 2000, p. 201。

9. Jerry Rubin, *Do It ! Scenarios of the Revolution, op. cit.*, p. 122.

10. Gérard Mauger, «L'approche biographique en sociologie : une démarche contestataire», *Les Cahiers de l'IHTP*, n° 11, 1989.

11. Constant Nieuwenhuys, *Reflex*, n° 1, 1948.

12. Alice Gaillard, *Les Diggers. Révolution et contre-culture à San Francisco, 1966-1968*, L'Échappée, Montreuil, 2014, p. 69.

13. Françoise Champion, «Le Nouvel Âge : recomposition ou décomposition de la tradition "théo-spiritualiste" ? », *Politica Hermetica*, n° 7, 1993, p. 114-122.

14. François Gauthier, «L'éthique romantique et l'esprit du consumérisme», *Revue du*

MAUSS, n° 2, p. 66.

15. Charles Taylor, «La consommation et la radicalisation de la culture moderne de l'authenticité et de l'expressivité», *Revue du MAUSS*, n° 44, p. 72.
16. Thomas Frank, *The Conquest of Cool. Business Culture, Counterculture, and the Rise of Hip Consumerism*, University of Chicago Press, Chicago, 1997, p. 55.
17. *Ibid.*, p. 136.
18. 观点出自 Hazel Warlaumont, *Advertising in the 60s. Turncoats, Traditionalists, and Waste Makers in America's Turbulent Decade*, Praeger, New York, 2001。
19. Thomas Frank, *The Conquest of Cool, op. cit.*, p. 56.
20. Julie Stephens, *Anti-Disciplinary Protest. Sixties Radicalism and Postmodernism*, Cambridge University Press, Cambridge, 1998, p. 40.
21. 出自史蒂夫·沃兹尼亚克（Steve Wozniak，1996年2月19日）的话："我们第一台计算机的设计并非出于贪婪，而是具有革命精神的，是旨在帮助人们凌驾于最强大的机构之上。"

第十章 超级消费者：呈指数增长的未来

1. 2017年，全球流通的集装箱数量达到7.52亿，而在2000年还仅是2.24亿（Banque mondiale, *Container Port Traffic*, <data.worldbank.org/indicator/IS.SHP.GOOD.TU>）。关于这个主题，请参阅 Marc Levinson, *The Box. How the Shipping Container Made the World Smaller and the World Economy Bigger*, Princeton University Press, Princeton, 2006 et Paul E. Ceruzzi, *A History of Modern Computing*, MIT Press, Cambridge, 1998。
2. "速度越增加、人们越不耐烦"是克里斯托夫·斯图登尼（Christophe Studeny）对速度史的结论。Christophe Studeny, *L'Invention de la vitesse. France, XVIIIe-XXe siècle*, Gallimard, Paris, 1995, p. 286.
3. Fuat Firat et Alladi Venkatesh, «Liberatory postmodernism and the reenchantment of consumption», *Journal of Consumer Research*, vol. 22, n° 3, 1995 ; Fuat Firat, *Consuming People. From Political Economy to Theaters of Consumption*, Routledge, Londres/New York, 2003.

4. Daniel J. Czitrom, *Mass Media and the American Mind*, The University of North Carolina Press, Chapel Hill, 1982, p. 190. 引自 Robert Goldman, *Reading Ads Socially*, Routledge, Londres/New York, 1992, p. 54。

5. Gilles Lipovetsky, *Le Bonheur paradoxal. Essai sur la société d'hyperconsommation*, Gallimard, Paris, 2006, p. 243.

6. 这一系列文化研究极大地影响了后现代价值论。见 notamment John Fiske, *Understanding Popular Culture*, Routledge, Londres/New York, 1989。

7. Rohit Varman et Ram Manohar Vikas, «Freedom and consumption : toward conceptualizing systemic constraints for subaltern consumers in a capitalist society», *Consumption Markets & Culture*, vol. 10, n° 2, 2007.

8. Pascale-Marie Deschamps, «Nick Bostrom : "Chacun d'entre nous pourra choisir sa propre humanité"», *Les Échos*, juillet 2008.

9. Renaud Garcia, *Le Désert de la critique. Déconstruction et politique*, L'Échappée, Montreuil, 2015, p. 175. 在该书中，雷纳德·加西亚（Renaud Garcia）批评了部分激进左派的这种意识形态，其中还引用了唐娜·哈拉威（Donna Haraway）的著作 *Manifeste cyborg et autres essais. Sciences, fictions, féminismes*（Exils, Paris, 2007）和比阿特丽斯·普雷西亚多·鲁伊斯（Beatriz Preciado Ruiz）的著作 *Testo junkie. Sexe, drogue et biopolitique*（Grasset, Paris, 2008）。

[全书完]

制造消费者

作者 _ [法] 安东尼·加卢佐　　译者 _ 马雅

产品经理 _ 王宇昕　　装帧设计 _ @broussaille 私制　　产品总监 _ 邵蕊蕊
技术编辑 _ 陈杰　　责任印制 _ 刘淼　　出品人 _ 李静

营销团队 _ 杨喆　李滢泽　陈丹妮　　物料设计 _ 孙莹

果麦
www.guomai.cn

以微小的力量推动文明

图书在版编目（CIP）数据

制造消费者/(法)安东尼·加卢佐著；马雅译. 2版. -- 广州：广东人民出版社, 2025.3. -- (万有引力书系). -- ISBN 978-7-218-18336-7

Ⅰ.F119

中国国家版本馆CIP数据核字第20253QF520号

LA FABRIQUE DU CONSOMMATEUR. Une histoire de la société marchande
by Anthony GALLUZZO © Editions La Découverte, Paris, 2020
With arrangement of : DAKAI – L'AGENCE
Simplified Chinese translation copyright © 2022
by Guangdong People's Publishing House
ALL RIGHTS RESERVED

ZHIZAO XIAOFEIZHE

制造消费者

[法]安东尼·加卢佐 著 马雅 译   版权所有 翻印必究

出 版 人：肖风华

书系策划：施 勇 钱 丰
责任编辑：张崇静 龚文豪
营销编辑：常同同
责任技编：吴彦斌

出版发行：广东人民出版社
地　　址：广州市越秀区大沙头四马路10号（邮政编码：510199）
电　　话：（020）85716809（总编室）
传　　真：（020）83289585
网　　址：http://www.gdpph.com
印　　刷：北京盛通印刷股份有限公司
开　　本：840毫米×1200毫米 1/32
印　　张：8 字　数：155千
版　　次：2022年6月第1版 2025年3月第2版
印　　次：2025年3月第12次印刷
著作权合同登记号：图字19-2022-056号
定　　价：45.00元

如发现印装质量问题，影响阅读，请与出版社（020-85716849）联系调换。
售书热线：（020）87716172